U0523687

少年读

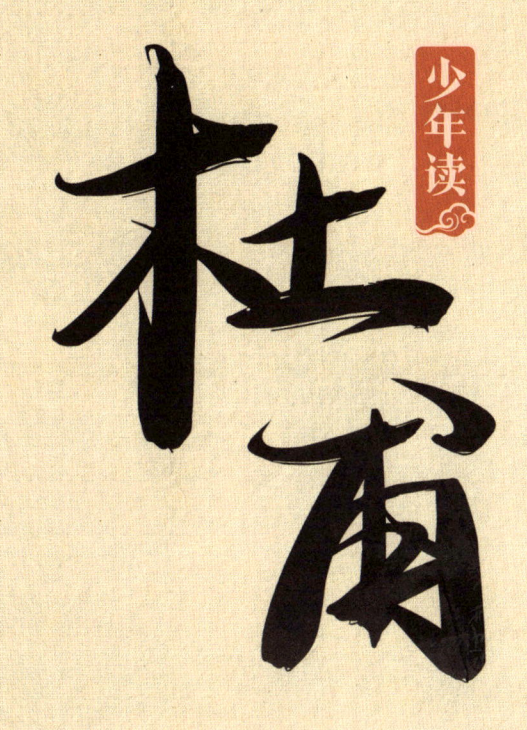

杜甫

/烟雨京华/

王兆胜
王子罕 著

青岛出版集团 | 青岛出版社

写在前面的话

"诗圣"是怎样炼成的？

"国破山河在，城春草木深。感时花溅泪，恨别鸟惊心……"

上学时，课本里的杜甫诗文总会配一张杜甫眺望远方的画像，看上去诗人不太开心。有同学觉得背诗太枯燥，便给大诗人换了张嬉笑的脸，再涂一身浮夸的华袍或战甲。当然，这是一种善意的恶作剧。

多年以后，也许是因为我们读了更多书，了解了更多历史以及杜甫的生平，也许是因为在各自的人生旅程中经历了不同的风雨和波折，我们再看到那幅杜甫像时，却再也笑不出来了。

画中的杜甫微微仰头，面容憔悴，眉头轻蹙，双唇紧闭，神情凝重而忧郁。

杜甫究竟在忧愁些什么？他可曾有过快乐的时光？

而那份快乐，又是如何被岁月悄然偷走的？

杜甫作为名门之后，也曾有过富足而自由的少年生活，"七龄思即壮，开口咏凤凰""往昔十四五，出游翰墨场"；他也曾意气风发，和好友游遍名山大川，饮酒作诗，纵马射雕，"会当凌绝顶，一览众山小""春歌丛台上，冬猎青丘旁"；他也曾受到皇帝垂青，赢得文人至高的荣誉，"气冲星象表，词感帝王尊"。

既然如此，杜甫凭什么不幸福、不快乐呢？

是因为贵族名流大摆宴席，享受"御厨络绎送八珍"的奢华，穷苦百姓却在风雨中衣不蔽体、饥肠辘辘，不得不"城中斗米换衾裯"？

是因为帝王好大喜功、将领昏庸无能，"边庭流血成海水，武皇开边意未已""野旷天清无战声，四万义军同日死"，无数百姓子弟舍家为国，却在战场上白白牺牲？

是因为天灾人祸不断，杜甫连亲人都无法守护，"入门闻号啕，幼子饥已卒""痴女饥咬我，啼畏虎狼闻"，却还心系天下百姓，祈愿"安得广厦千万间，大庇天下寒士俱欢颜！风雨不动安如山"？

还是因为大唐内忧未平，外患又起，"闻道花门将，论功未尽归""洛阳宫殿烧焚尽，宗庙新除狐兔穴"，杜甫有心为国尽忠，却贫病交加、报国无门？

当整个国家在风雨飘摇中苦苦挣扎时，贵为九五之尊的皇帝都难以独善其身，何况是家道中落、仕途不顺的杜甫呢！官场黑暗，容不下他这般耿直自傲的书生；天下动荡，他找不到一处安身之所。现实让他脱离了"朱门"的庇护，行走在沦为"冻死骨"的边缘时，杜甫才真正成为千千万万个普通人中的一员，开始领悟何为"国"，何为"家"，何为"自我"，何为"人生"。

漫漫人生路上，杜甫的生存空间越发逼仄，心灵世界却愈加广阔。历经磨难，杜甫的灵魂光辉却更加璀璨。学识和智慧让他从天地万物中得到慰藉与体悟，又让他对天下时局有着深刻的洞察。敏感的心，让他看透人情世故的复杂与幽微，也让他审视和拥抱人类共通的情感欲望。

杜甫堪称旷古绝今的集大成诗人，其作品兼具题材的广度和思想的深度，各类诗体都达到了超一流水准。可以说，若论诗作的全面性和成熟度，连李白也无法与之比肩。然而，成就杜甫"诗圣"之名的，不仅仅是他的艺术成就，更是他对国家的赤诚，对百姓的悲悯，对天地的敬畏，以及对命运的不懈抗争。

至情至悯，至悲至恸。杜甫的精神与情操，是每一位中华儿女都会深深为之触动的。无论老少，都能从中汲取心灵的养分和前行的力量。

《少年读杜甫》以杜甫的生平为主线，按时间顺序分为两册：

上册《烟雨京华》讲述大唐由盛转衰之际，少年与青年杜甫的求学、游历与入仕、出仕的历程；下册《乱世沉浮》讲述大唐乱世之中，中年、晚年的杜甫如何在生死磨难中蜕变成长，最终踏上艰辛而漫长的归乡之路。

全书共十六章，每章由三部分组成：

一是人物传记。

我们力图兼具趣味性与文学性，为少年读者呈现一个真实又立体的杜甫：选取他一生中的关键节点，用通俗易懂的语言讲述前因后果。杜甫身处唐朝盛衰之交，他的显赫出身和坎坷遭遇，使他既能洞察上层达官显贵的腐败，也能感同身受下层穷苦百姓的痛苦。因此，读懂杜甫的故事，也就对那个时代的社会面貌有了全方位的了解。

杜甫的传世名作不胜枚举，也不乏重要的长诗。为了篇幅的精简与便于理解，我们忠于作品本意，想象并诠释诗人的心路历程，将诗作融入故事之中。对于中小学的必读篇目，我们整篇或节选呈现，并对重点字词加以注释，帮助读者在故事情境中更好地理解这些作品。

我们也列出其他相关诗篇，供延伸阅读。

二是"诗词赏析"。

杜甫所处的时代，正逢"安史之乱"，个人命运在历史的激流中难以掌控。每章主线故事之后，我们选取一首他的代表诗作，进行深度解析，以便读者系统地掌握诗词所涉及的文言知识，完成知识积累，并通过译文理解他诗词的精神内核。

三是"拨开历史迷雾"。

每章的最后，是拓展阅读部分。我们根据最新的学术研究成果，与读者一起探讨那些尚存疑问的人物和事件，也借此展开正文略过的故事支线，解析历史人物的行为动机。我们不提供唯一的"正确"答案，而是鼓励读者从多角度思考，培养辩证思维与求实精神。

本书在写作过程中，主要参考了萧涤非主编《杜甫全集校注》（人民文学出版社），陈贻焮著《杜甫评传》（三联书店），洪业著、曾祥波译《杜甫：中国最伟大的诗人》（上海古籍出版社），陈冠明、孙愫婷撰《杜甫亲眷交游行年考》（上海古籍出版社）和王寿南著《唐代藩镇与中央关系之研究》（北京大学出版社）。对有争议的杜甫生平事迹，我们也参阅了大量论文，结合史实和各种观点，采用了我们认为较为合理的论断。参考文献众多，限于篇幅，不一一列举，在此对各位作者老师表示感谢！

何为国，何为家？何为自我，何为人生？

希望每一位读者读完这部《少年读杜甫》，都能从诗人的传奇人生中获得感悟，对这些看似深奥的问题，找到自己的答案。

作者于北京

2024 年 10 月 仲秋

目录

第一章 | 清狂少年

002　童年的剑舞

006　名门之后

009　狂傲小子

012　漫游吴越

第二章 | 出师未捷

024　赢在起跑线上

026　大意失荆州

029　畅游齐赵

035　长大的瞬间

第三章 | 绝代双骄

044　极乐与虚无

047　相逢何必曾相识

053　修仙梦的幻灭

第四章 | 孤注一掷

064　野无遗贤
066　绝地求生
070　三大礼赋

第五章 | 病急乱投医

082　千里兵车行
088　白丝入染缸
092　春日丽人行
095　风雨醉时歌
100　朱门酒肉臭

第六章 | 国破山河在

112　兵败如山倒
117　雨中大逃亡
121　长安的悲歌
125　虎口脱险

第七章 | 城春草木深

134　伴君如伴虎
137　家书抵万金
142　屈辱的盟约
147　永别了，长安

第八章 | 和平的代价

158　烽烟再起
162　"三吏"之苦
168　"三别"之哀

第一章

清狂少年

唐睿宗景云三年（712）
——唐玄宗开元二十三年（735）

童年的剑舞

开元三年（715），杜甫才四岁[1]，和父亲住在河南郾城[2]。

杜甫小时候身体不好，精神头儿倒是挺足，在家里根本闲不住。这孩子最喜欢在大街小巷里乱转，用一块块古朴的青瓦、一条条斑斓的街巷喂饱自己好奇的双眼。

这天，小城中心难得人山人海，据说是有场精彩的表演要在这里举行。杜甫的父亲杜闲就在当地做官，他拨开人群，拉着儿子走向最前排。

杜甫随父亲兴冲冲走过去，往场子里定睛观看。乍一看，那里没什么特别新奇的，只有一个年轻女子，穿着一身锦衣。她提着宝剑，发型利落，谈不上貌美，眉宇间倒是透着一股子英气。

猝不及防地，女子身旁有人猛然打起鼓来，吓得杜甫差点儿叫出声来。鼓声一响起，天边流动的云彩好像都停了下来，聒噪的人群也静默了。

---

[1] 四岁：古人用农历按虚岁计算年龄，过了除夕就算长一岁。
[2] 郾城：今河南省漯河市郾城区一带。

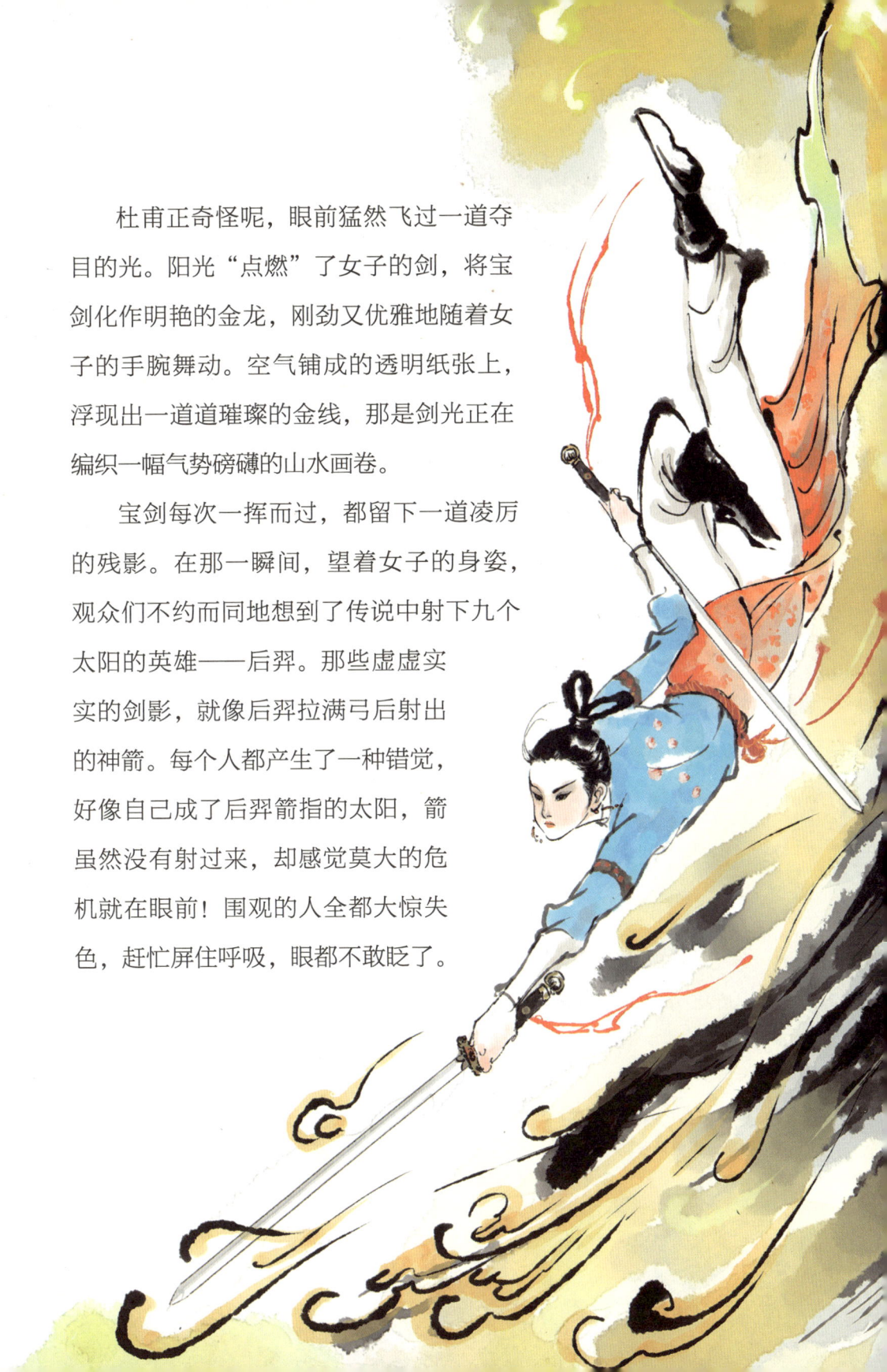

杜甫正奇怪呢，眼前猛然飞过一道夺目的光。阳光"点燃"了女子的剑，将宝剑化作明艳的金龙，刚劲又优雅地随着女子的手腕舞动。空气铺成的透明纸张上，浮现出一道道璀璨的金线，那是剑光正在编织一幅气势磅礴的山水画卷。

宝剑每次一挥而过，都留下一道凌厉的残影。在那一瞬间，望着女子的身姿，观众们不约而同地想到了传说中射下九个太阳的英雄——后羿。那些虚虚实实的剑影，就像后羿拉满弓后射出的神箭。每个人都产生了一种错觉，好像自己成了后羿箭指的太阳，箭虽然没有射过来，却感觉莫大的危机就在眼前！围观的人全都大惊失色，赶忙屏住呼吸，眼都不敢眨了。

那女子是如此光彩照人！此时的她，仿佛吸收了天地间无尽的灵气。她手舞宝剑，气势惊人，就像神仙驾着龙车在空中翱翔一样，让人们心生崇敬。

杜甫直勾勾地盯着女子舞剑，忽然想起自己父亲的书法来了。

杜甫的父亲有时候喝多了酒，兴致来了，就捉起毛笔，在纸上一通涂抹，说自己写的这叫"草书"。他的字龙飞凤舞，年幼的杜甫虽然看不懂，倒也觉得挺有意思。

现在，眼前的这位女子就像是在写草书的父亲，只不过，她把自己的身体变成了毛笔，将剑光化为墨汁，酣畅淋漓地在空气中书写着大字。

剑舞到了尾声，如雷霆、如龙舞的剑势被那女子徐徐收了起来，像汹涌的江河汇入了胸怀宽广的大海，最终一切归于平静。

剑舞结束了，女子拢住宝剑，站定身姿，只剩下一点粼粼❶的波光，还在剑尖之上流转。

　　昔有佳人公孙氏，一舞剑器动四方❷。观者如山色沮丧❸，天地为之久低昂。

---

❶ 粼粼：形容水清澈，或石明净的样子。
❷ 动四方：轰动四面八方。
❸ 观者如山色沮丧：意思是，观看公孙大娘舞剑者人山人海，因为过程太过惊心动魄，观众看得大惊失色。

㸌❶如羿射九日落，矫如群帝骖❷龙翔。来如雷霆收震怒，罢如江海凝清光。

　　　　　　　　　　——《观公孙大娘弟子舞剑器行并序》

　　全场鸦雀无声，十几秒钟后，大家才如梦方醒，全力鼓掌，叫起好来。

　　父亲告诉杜甫，这位舞剑的女子姓公孙，因为排行老大，大家都叫她公孙大娘。她是有名的剑器舞❸者，经常在洛阳一带演出。据说，为了一睹她的风采，不少大人物都特地从长安❹赶过来呢！

　　公孙大娘的剑器舞带给杜甫巨大的震撼，就像晴天霹雳或者开天辟地的巨斧一样，一下子劈开了杜甫的天真和懵懂。他头一回知道，世界上还有这样精彩的事物！

　　杜甫的童年时期，正值唐朝最为鼎盛的"开元盛世"，而翩若惊鸿的公孙大娘的剑器舞，就成了那个歌舞升平的时代的缩影，成了杜甫一生都无法忘怀的梦，所以，才会在时隔几十年后，依然被杜甫用文字记录下来，成为杜甫诗歌中一个璀璨的存在。

---

❶ 㸌（huò）：形容光芒闪烁的样子，这里指剑光。
❷ 骖（cān）：古代在马车车辕两边的马。这里指驾龙车飞翔。
❸ 剑器舞：唐、宋时的一种舞蹈，带有武术元素。有说舞者持单剑或双剑，有说不持剑。
❹ 长安：在今陕西省西安市一带。唐玄宗时期，长安是首都、京师。

名门之后

人们常说，将门出虎子。

杜甫的家族可以说是名人辈出，杜甫的先祖是四百多年前魏晋时期的杜预，那可是一位功勋盖世之人。

杜预文武双全。作为名将，他跟钟会一起灭了蜀汉，又率领大军参与了灭吴的战斗，称得上战功赫赫；作为学者，杜预博学多识，不仅修订了晋朝的法律，还给著名的《左传》做了注释。直到今天，不少人研究这部书，还是参考杜预的注释。

正因为杜预能文能武，所以历史上第一位在文庙和武庙中都有供奉的名人，便是杜预。也就是说，不论是做文臣还是当武将，杜甫的这位老祖宗都是人中翘楚！

杜预有好几个儿子，杜甫就是其中一人的后代。只可惜，杜甫的家族再也没有人重现先祖的辉煌。到了杜甫的曾祖父这一代，他只是在河南巩县❶当了个县令。

---

❶ 巩县：今河南省郑州市巩义市一带。

杜甫的爷爷叫杜审言,是很有名的诗人,就是仕途不是很顺利,多次被贬,遭了不少罪。

杜审言心性高傲,文采斐然,是唐代近体诗的奠基人之一,杜甫受他爷爷的影响非常大。

或许正因为性格过于孤傲,杜审言当官后,屡次被贬,甚至一度被罢官。武则天死后,唐中宗复辟,杜审言因为与武则天的宠臣张易之兄弟相勾结,被贬至峰州,后虽被召回洛阳,但不久就去世了。

杜甫的父亲叫杜闲,官运还不错,最高当过五品官。

不过,杜甫母亲的身份更不简单,她来自"五姓七望"❶之一的清河崔氏家族,更是唐朝皇室的后代!

你可能想不到,杜甫身上竟然有着一丝唐太宗李世民的血脉——杜甫的外婆,可是唐太宗的曾孙女!

可想而知,杜甫出生在这样一个家庭,从小就受到了良好的教育。虽然他的家族已经日渐衰微,但普通老百姓尚且望子成龙,更何况杜家这样的大户人家。

杜甫的家族这么有来头,按理说,杜甫就算不是含着金汤勺出生的,也是含了个银汤勺出生的,家庭条件一定十分优渥。

然而,杜甫的童年并不美满。杜甫的母亲很早就去世了,他对自

---

❶ 五姓七望:指当时最为尊贵显赫的五个姓氏的七大家族——陇西李氏、赵郡李氏、博陵崔氏、清河崔氏、范阳卢氏、荥阳郑氏和太原王氏。

己的母亲没有什么印象。

母亲去世后,父亲在外地当官,也顾不上照顾杜甫。于是,好心的姑姑就把年幼的杜甫领回家,当亲生儿子来抚养。

姑姑待人细腻体贴,老老少少都喜欢她。姑姑很用心地教杜甫念书,循循善诱,让他觉得读书不是一件枯燥的事。她还特别会启发孩子的奇思妙想,引导他们多读历史故事,吸取古人的经验教训,向历史上贤能的人看齐。

有一次,流行病爆发开来,杜甫和姑姑的儿子全都病倒,眼看着就不行了。

姑姑衣不解带、不眠不休地照顾两个孩子,一旦有了新的医治办法,就先给杜甫用。

杜甫的运气也不错,竟然奇迹般地康复了,但姑姑的儿子却夭折了。

杜甫十分感念姑姑的照顾,时不时就与他人提起此事,听者都很钦佩姑姑的仁义。❶

---

❶ 参见《唐故万年县君京兆杜氏墓志》。

狂傲小子

杜甫没有辜负姑姑的爱与培养，他很快就显现出了惊人的才华。

七岁那年，杜甫就会咏诗了，而且咏的第一首诗就是赞颂凤凰的德行，真是让人惊叹！

要知道，大名鼎鼎的骆宾王也是七岁咏诗，咏的是"白毛浮绿水，红掌拨清波"的大白鹅。

杜甫这孩子，这么小就向往凤凰的德行，真不简单啊！

又过了两年，九岁的杜甫开始练习书法，作品装了一囊又一囊。后来，家人安排他去私塾念书。虽然和杜甫一起读书的那些同学家境都还不错，但是杜甫觉得，自己跟他们并不是一路人，大家所追求的目标并不相同。

杜甫的同学都觉得杜甫的思想很成熟，比大多数同龄人的思想都有深

度，所以并不常和他玩，这显得杜甫特别"不合群"。当然，杜甫也不是整天死读书，他也喜欢游玩，只是一时半会儿没找到志同道合的伙伴。

到后来，杜甫的很多朋友，岁数都比他大，也更见多识广，但杜甫和他们交流起来丝毫没有困难。

杜甫年轻气盛、疾恶如仇，最爱指点江山、激扬文字。他喜欢一边喝酒，一边跟朋友们畅聊天地万物。

喝酒喝兴奋了，年轻气盛的杜甫抬头四望，越看越皱紧眉头——这世上怎么有这么多俗不可耐的东西！

往昔十四五，出游翰墨场。斯文❶崔魏❷徒，以我似班扬❸。
七龄思即壮，开口咏凤凰。九龄书大字，有作成一囊。
性豪业嗜酒，嫉恶怀刚肠。脱略小时辈❹，结交皆老苍。
饮酣视八极❺，俗物都茫茫。

——《壮游》

十四五岁时，杜甫已经在洛阳的文坛小有名气了。

---

❶ 斯文：指文坛名士。
❷ 崔魏：指崔尚和魏启心，都是唐朝文人、官员，杜甫的前辈。
❸ 班扬：班固和扬雄，汉代著名文学家，与司马相如和张衡合称"汉赋四大家"。
❹ 脱略小时辈：指当时的杜甫看不起同龄人。脱略，瞧不起的意思。小：小看、藐视。
❺ 八极：四面八方极其远的地方。

当时，不少前辈都很看重这个少年，经常提携他，带他去达官贵人的宅邸做客。杜甫因此认识了很多当时的才子和名流，并和他们结伴出游。许多极其尊贵的人，像唐睿宗❶的儿子岐王李范、中书令崔湜❷的弟弟崔涤❸，杜甫老早就是他们家里的熟客了。

良好的出身与出众的才华，让杜甫从小接触的都是文人雅士和达官显贵，欣赏的都是顶尖的文学、歌舞和书画。

然而，优渥的生活与盛世的图景，就像一片片美好却虚幻的浮云，遮住了杜甫的眼睛，让年轻的他看不到大地上许许多多普通人的生活。

又过了很多年，直到杜甫也成为一个"普通人"，切身体会到人生的苦难与悲痛之后，他的双脚才一点点扎进了现实生活的土壤。也是直到那时，年少时的艺术滋养和当时的悲惨社会才融为一体，让杜甫在体验了巨大的心理落差后，在目睹了盛世覆灭与百姓流离失所之后，用笔来记录这一切，成为一位伟大的诗人。他的作品如实记录了时代，不仅艺术成就极高，而且具有重要的史料价值，是当之无愧的"诗史"，杜甫也被人们尊称为"诗圣"。

---

❶ 唐睿宗：李旦，唐高宗李治和武则天生的儿子，唐玄宗李隆基的父亲。

❷ 崔湜（shí）：唐朝官员，因为依附太平公主一派，被唐玄宗惩处。

❸ 崔涤（dí）：即崔九，崔湜的弟弟，受到唐玄宗厚待。

漫游吴越

杜甫年轻时，正好赶上唐朝最兴盛的时期，史称"开元盛世"。

唐玄宗当上皇帝以后，迅速稳定了动荡不安的朝局，唐朝的文化和经济都得以迅速发展。一条条宽阔平整的道路上，行人和车马络绎不绝；一条条河道中，载客和运货的船只往来如梭。

唐朝商业兴旺发达，无数外族商人克服千难万险，从遥远的西域沿着古老的丝绸之路过来做生意。他们带着珍宝、金银、美食和美酒来到大唐，他们把自己的文化带了过来，也带回了唐朝的精美物品和先进的生活理念，播下了文化交流的种子。

日子越过越好。物质生活丰富之后，唐朝人开始追求精神上的满足了。

盛唐时期，上流社会特别流行"漫游"。那些世家公子趁着年轻，踏遍名山大川，寻访古人的足迹，志在陶冶情操。他们读万卷书，行万里路，用丰厚的历史文化和壮美的自然景观滋养灵魂。远游路上，他们还会结识一帮志同道合的朋友，在未来的人生路上成为相互扶持的同路人。

出去漫游的年轻人，出身一般都不错，人脉也广。他们一边游玩，一边创作诗文、结交志同道合之人，名气自然水涨船高。

杜家虽然走了下坡路，但毕竟是名门，还是有家底儿的。再加上这两年，杜闲又升了官，收入多了不少，为儿子出去漫游提供资金支持是没问题的。

开元十八年（730）的夏天，杜甫北渡黄河，到了郇瑕❶。

杜甫本来是想乘船顺着横穿洛阳城的洛河南下去江南的。没想到，天公不作美，这一年，洛河突然发大水，把洛阳城淹得一塌糊涂。

杜甫去不成江南了，还得躲水灾，只好往西北走，好不容易渡过黄河，走了几百里路，才到了郇瑕。

郇瑕这一带在当时是中华民族的发源地之一，文人雅士经常来这边访古。他们或在当朝名士王维的出生地蒲州城中漫步；或登上名扬四海的鹳雀楼，吟诵王之涣的名篇"白日依山尽，黄河入海流。欲穷千里目，更上一层楼"。

不过，这个地方对杜甫而言有更特别的意义。他的姑父裴荣期，就来自当地著名的河东裴氏家族。杜甫这次过来，估计也顺便去亲戚家串了串门。

---

❶ 郇瑕（xún xiá）：今山西临猗西南。

一年后，杜甫在自己二十岁时，第一次出门漫游，开始了他期盼已久的吴越①之行。

杜甫从洛阳出发，乘船来到江宁，也就是今天的南京一带。夕阳西下，杜甫来到了秦淮河畔。他踏上

---
① 吴越：今天的江浙一带。

朱雀桥，徐徐走进荒草丛生的乌衣巷，抚摸着星星点点的野花，凝望着落日余晖一点点吻别老屋与老街。

将近五百年前，这里是王氏和谢氏两大豪门世家的宅邸。多少王家和谢家的子弟在这里出生和成长，成为举足轻重的风云人物；多少富有传奇色彩的艺术家，都曾经在这里挥毫泼墨创作佳作，这些作品流传至今。

而如今，世家子弟们的风雅趣事，都已成了遥远又浪漫的传说。

杜甫还特意去了江宁的瓦官寺，瞻仰了东晋绘画大师顾恺之画的维摩诘像。传说，当年修瓦官寺时，很多人都捐了钱，顾恺之却只在墙上画了幅维摩诘像，还故意没有画上眼珠。为画像画眼珠的那一天，顾恺之让僧人们把寺门打开。人们为了看顾恺之"开光点眼"，把寺院挤得水泄不通，争相捐款，很快就捐了很多钱。这次，杜甫亲眼见到了这幅画作。这神妙的画作，竟让杜甫看过之后，终生难忘。

游完江宁，杜甫漫游的下一站是苏州。

杜甫去了虎丘的吴王阖闾墓。当年，勇士专诸将鱼肠剑藏在鱼肚子里，舍身刺杀吴王僚后，阖闾才终于夺得吴王之位，成就了一番事业。

据说，秦始皇听说那鱼肠剑被放置在阖闾墓里为他陪葬，便下令凿山取宝，结果什么都没找到。后来，项羽和孙权也跑来乱挖一通，照样是一无所获。传说，虎丘那儿有个剑池深渊，就是这些贪心的帝王当年挖宝挖出来的。

杜甫登上姑苏台遗址，仿佛上一秒还看到吴王夫差在他身旁高举酒杯，纵情声色，而下一秒战火就烧到了吴国的土地，奢华的姑苏台也付之一炬。

楼台的命运，与国家的兴亡紧密相连。为了修建姑苏台，阖闾和夫差付出了多少人力物力！然而，他们去世以后，能拥有的东西，只剩下荒凉的坟茔而已。

绍兴一带，勾践曾在这里卧薪尝胆，秦始皇云游时也曾到过这里。

杜甫来到绍兴城南的鉴湖旁时，天气凉爽宜人，不时有肤色白皙的女子走过。看着这些秀丽的女子，杜甫大致可以想象出当年在溪旁浣纱的西施是怎样一种绝世姿容。

东下姑苏台，已具浮海航。到今有遗恨，不得穷扶桑。
王谢风流远，阖庐丘墓荒。剑池石壁仄❶，长洲荷芰❷香。
嵯峨❸阊门❹北，清庙映回塘。每趋吴太伯❺，抚事泪浪浪。
枕戈忆勾践，渡浙想秦皇。蒸鱼闻匕首，除道哂❻要章。

---

❶ 仄（zè）：倾斜。
❷ 芰（jì）：指菱角。
❸ 嵯峨（cuó é）：高峻的样子。
❹ 阊（chāng）门：泛指宫门。
❺ 吴太伯：指苏州的泰伯庙，是祭祀吴地始祖泰伯的庙宇。
❻ 除道哂（shěn）要章：这里用了汉代朱买臣的典故。朱买臣的妻子因为他贫穷离开了他，朱买臣后来做了太守，衣锦还乡，前妻非常羞愧，自尽而死。哂，讥笑。要章：腰间的印绶，指太守的印信。

> 越女天下白，鉴湖五月凉。
>
> ——《壮游》

  足足四年，杜甫徜徉在小桥流水之间，尽情享受江南美景，感悟生活之美，好不快活！从前读过的那些历史，仿佛一一在现实中重现。一路上，杜甫寻访古迹、结交青年才俊，他的思想境界又提升了许多。

  终于，到了检验学习成果的时候了。

  开元二十三年（735），杜甫从吴越地区返回洛阳，准备参加第二年春天举行的科举考试。这一年，二十四岁的杜甫家境殷实、才华出众，大家都认为他的仕途将无比顺利，为国效力只在朝夕间。

  如果一切顺利，杜甫考上进士以后，就该一步步实现光宗耀祖、报效君上的理想了。

诗词赏析

赠李白

二年客东都❶,所历厌机巧❷。
野人❸对腥膻❹,蔬食常不饱。
岂无青精饭❺,使我颜色好。
苦乏大药❻资,山林迹如扫❼。
李侯❽金闺彦❾,脱身❿事幽讨。
亦有梁宋游⓫,方期拾瑶草⓬。

注释

❶ 东都:唐代以洛阳为东都,长安为西都。

❷ 机巧:原指"机变巧诈",此处暗指洛阳官场虚伪的交际应酬。

❸ 野人:杜甫自指,意为"山野之人",与下文"腥膻"(肉食)呼应,表清贫。

❹ 腥膻:字面指肉食气味,引申为厌恶世俗名利。

❺ 青精饭:道家养生饭食,用南烛叶染米蒸制,传说可延年益颜。

❻ 大药:道教炼丹所需珍贵药材,暗指修道成本高昂。

❼ 迹如扫:山林隐居的痕迹像被扫净,指难以真正归隐。

❽ 李侯：尊称李白，"侯"表敬意，非官职。
❾ 金闺彦：本指朝廷英才，金闺指金马门，是汉朝时官员等候皇帝召见的官门，此处指李白曾任供奉翰林。
❿ 脱身：指李白离开长安，挣脱名利束缚。
⓫ 梁宋游：梁指开封，宋指商丘。杜甫曾与李白同游梁宋。
⓬ 瑶草：传说中仙草，象征理想与高洁品格。

译文

我在洛阳漂泊了两年，看够了那些虚伪的交际和讨好。我这山野之人闻不得酒肉腥气，粗茶淡饭还常常吃不饱。难道我不想吃青精饭养生驻颜？可叹我没钱买炼丹的药材，连隐居山林的希望也被一扫而光！李白啊，你本是朝廷的英才，却挣脱名利去深山寻道。若你再来梁宋故地漫游，我定要与你同去采仙草！

拨开历史迷雾

杜甫和李白是亲戚吗？

我们之前说过，杜甫算是唐太宗的后代——他的外婆正是唐太宗的曾孙女。又有人说，李白祖上也是李唐皇室的人。如果真是这样，李白和杜甫不就是亲戚了吗？

其实，就算杜甫和李白身上都有皇室血脉，然而这么多代传下来，再加上杜、李两家跟其他家族多次通婚，皇室血脉早就很淡了。再说了，比起杜甫，李白的身世更加扑朔迷离，很多关于他祖上的信息都是他自己说的，或者来自其他人的传言，后人研究他的家世，找不到多少靠谱的证据。

详细说说杜甫的家世吧。

唐太宗有个女儿叫临川公主，据说很有书画才能。唐太宗把她嫁给了一个叫周道务的官员，生了一个女儿。这位周家女儿长大后，嫁给了她的表弟李琮。他们的女儿，就是杜甫的外婆李氏。

武则天当政，杀了一帮联合讨伐她的李家子孙。李琮和妻子周氏没参与反叛，但也受了牵连，被打入了大牢。他们的女儿李氏年龄还很小，穿着粗布衣服，每天都去给父母送饭。知道这件事的人都被李氏的一片孝心感动。

后来，李氏嫁入了"五姓七望"之一的崔家。崔家算得上是当时的名门望族了。李氏生下一个女儿，就是杜甫的母亲崔氏。

李白的身世就神秘多了。甚至有人说，他祖上其实是李世民的哥哥李建成，在"玄武门之变"❶后侥幸逃去了西域。不过，李建成的子孙应该在当时就被李世民杀干净了，这样的说法没什么可信度。

流传比较广的说法是，李白是西汉时"飞将军"李广的后人、十六国时期西凉的开国君主——凉武昭王李暠的九世孙。

只不过，李暠子孙中李白所在这一支在从政时遭受了多次打击，不能再做官，只能做生意。为了生存，他们从内陆一路迁去了遥远的西域，后来才回到四川。据说，李白就是在碎叶城❷出生的。

李暠也是唐朝皇族的先祖，所以，李白跟杜甫确实有那么一点亲戚关系。不过，这么说确实很牵强，那时候的世家望族跟李唐皇族通婚的很多，这些世家望族的子孙后代身上多少有一些李唐皇族的血脉也并不稀奇。

不过，值得一提的是，唐朝还有一位著名诗人杜牧。他跟杜甫的

---

❶ 玄武门之变：626 年，李世民在玄武门发动政变，杀死哥哥——太子李建成和弟弟李元吉，逼唐高祖李渊立他为太子，并在两个月后把皇位传给了他。

❷ 碎叶城：又名素叶城，丝绸之路上的重要城镇，唐朝"安西四镇"之一。

血缘关系，比起李白可要近多了。

杜甫和杜牧的老祖宗都是杜预。不过，杜甫是杜预的儿子杜耽的后代，是杜预的十三世孙；杜牧则是杜预另一个儿子杜尹的后代，是杜预的十六世孙。

所以，杜甫比杜牧高三辈，算是杜牧的"从曾祖父"，即同族的曾祖父。

第二章

出师未捷

唐玄宗开元二十四年（736）
——唐玄宗开元二十九年（741）

赢在起跑线上

唐朝开元年间，进士可是非常、非常难考的。

有多难呢？每次报考的有两三千人，但录取的一般只有二三十人，考试通过率往往不及百分之一，绝对是"千军万马过独木桥"。

更可怕的是，如果按今天的标准看，唐朝的科举考试简直太不公平了。为什么呢？因为当时的考试，是不会把试卷上考生的名字遮盖起来的。

换句话说，这份卷子是谁答的，考官一眼看过去明明白白。这样一来，如果你跟考官很熟，或者考官早就听说你很有才华，那在阅卷时，你八成会得不少额外的印象分。可想而知，如果有两个水平差不多的考生，考官肯定会让自己熟悉的那位考生名次靠前。

这显然很不公平，但在那个年代，这样的科举考试规则是再正常不过的了。

魏晋以来，权力大都掌握在门阀世家手里，平民几乎不可能当上大官。直到隋朝设立了进士科考试，平民才总算可以靠考个好成绩来求取官职，有了出人头地的机会。不过那时，科举考试录取的大多还是那些出身名门望族的考生。

　　唐朝建立后，虽然门阀世家的地位和影响力都有所下降，但那些有着显赫家族背景和师承关系的考生，在科举考试中还是有着不小的优势。如果一个人是平民老百姓，祖上一直种田，就算他的才华惊天动地，没那个人脉关系，也很可能一辈子都中不了科举、当不了官。

　　大家应该听说过著名的诗人王维，但很少有人知道王维出身不凡。他的父亲出自"五姓七望"的太原王氏，母亲和妻子更是出自七大家族中地位最高的崔氏，家世相当显赫。王维本来就才华横溢，再加上这样的家庭背景，天时地利人和之下，他二十一岁便中了进士。

　　豪门世家所拥有的教育资源和人脉资源，都是普通百姓无法企及的。况且，并不是所有的世家子弟都好逸恶劳，他们中的很多人都是按照家族接班人的标准严格培养出来的，修养和学识都是顶级的。从小家里给他们请的都是最好的老师，还有意带他们结识达官显贵。家里随便办场宴会，请几位客人喝酒，里面可能就有未来的科举考试主考官，甚至当朝宰相！

　　而考官的想法也很简单：如果考生水平差不多，那么录取自己熟悉的考生，或者给那些出身名门的考生踏入官场的机会，这些人就相当于欠了自己一笔极大的人情债。在官场上，就多一个朋友，少一个敌人。

　　杜甫的家世算不错了。虽然他说自己是"京兆杜氏"，但其实，他的祖籍在湖北襄阳，不算正牌的"京兆杜氏"。即便如此，杜甫人生的起跑线也是相当靠前了。在参加科举考试时，他的家族背景还是可以给他加分不少的。

只可惜，这人生中的第一次"大考"，却让杜甫结结实实地摔了一跤。

大意失荆州

开元二十三年（735）冬天，杜甫结束自己在江南的漫游，来到长安注册登记，由京兆府选送，参加第二年春天在长安举行的科举考试。

在那时，考试前的这几个月，可不是用来"临时抱佛脚"复习功课的。趁这段时间，不少考生会赶紧去拜见达官贵人，积极参加各种游玩和宴会，再精心写些诗文出来。如果运气好，能有那么一两首诗歌火了，传遍大街小巷，那他中第的概率就大大提高了。

又或者，考生可以去争取"面试"的机会——以"请教前辈"为借口，拿着作品去拜见官员。如果哪位官员觉得你的作品不错，顺手推荐给了同事和朋友，那很快，你的名字就在权贵圈子里传播开了，对不久后的科举自然大有裨益。

我们的杜甫同学呢？他呀，想得太简单了，觉得"真金不怕火炼"，自己有真才实学，没必要像别人那样去攀附权贵，整天在考场之外下功夫。

在杜甫的眼里，自己早就读遍万卷书，下笔如有神助。同时代的年轻文人，杜甫大多不放在眼里。如果非要拿他跟别的文人相比较，也得是当年的扬雄、曹植这样的奇才才行。

杜甫根本没想过为科举中第去求见名流。想当年，像李邕❶这样的文坛大家都是主动来认识他的；就连写出"葡萄美酒夜光杯，欲饮琵琶马上催。醉卧沙场君莫笑，古来征战几人回"这样诗句的大诗人王翰，也是想和他当邻居的。杜甫天真地认为，单凭自己的才华就足够吸引人了，何必大费周章去做宣传呢？

杜甫从没觉得考进士对自己而言是个多大的挑战。他的人生理想可是辅佐君主成为尧舜那样的明君呢！区区一场考试而已，还不是手到擒来？

甫昔少年日，早充观国宾。读书破万卷，下笔如有神。
赋料扬雄敌，诗看子建❷亲。李邕求识面，王翰愿卜邻。

---

❶ 李邕（yōng）：唐朝官员、书法家。
❷ 子建：指曹植，字子建，建安时期著名文学家，曹操之子。

自谓颇挺出❶，立登要路津❷。致君尧舜上，再使风俗淳。

——《奉赠韦左丞丈二十二韵》

然而，无情的现实狠狠给了杜甫一记耳光——他落榜了。

这一年的科举，有几千名考生参加，却仅仅录取了二十七人。

杜甫为什么没考上呢？我们也许可以这么想象考官阅卷时的情形：

考官拿起一张考卷，看到杜甫的名字，眉头一皱——不熟悉。

然后，考官批阅杜甫的诗文——真奇怪，这诗文读起来，怎么这么晦涩呢！虽然能看出，这位考生读了不少书，知识很丰富，用了不少冷门、隐晦的典故，但是这样一来，实在不能确定他到底想表达什么……

你看那几位考生，我这两个月可看过不少他们的作品。这次的考试，他们的水平一如既往，文字流畅优美、朗朗上口，读一遍就让人忘不掉。

这位"杜甫"啊，真不好意思，让他再等等吧。这次，就让其他人上吧！

得知考试结果后，杜甫简直不敢相信，自己竟然名落孙山了？

杜甫发了好一会儿呆，才勉强接受了这个结果。他回到住处，慢

---

❶ 自谓颇挺出：自以为才华很突出。谓，以为。挺出，突出。
❷ 立登要路津：马上就会得到重要的职位。要路津，重要的道路和渡口，指重要的官职。

吞吞地收拾着行李，心里空落落的，像是心里最炽热的地方突然被泼了一盆冷水。

在杜甫原来的人生设想中，自己考上进士是理所当然的。等过了这关，他会尽力争取一个京城里的官职，成为一名向皇帝直言进谏的大臣，尽职尽责，直到成为朝廷重臣，光宗耀祖……然而，由于"大意失荆州"，他所做的这些人生规划成了白日梦。

考中进士的幸运儿们，大多在长安城南的曲江池边欢饮达旦，庆祝来之不易的金榜题名，畅想未来的精彩人生。落榜的人呢？他们大多垂头丧气，打包行李，准备回家。离家赴京赶考时，他们中的很多人都是家乡的骄傲、家族的希望，如今，他们也只能黯然接受这名落孙山的现实。

现在，杜甫又该怎么办呢？接下来，他该往哪儿去？

畅游齐赵

进士考试落榜后，杜甫很快收拾好行囊又出去漫游了，而且一去就是五年。

这次，杜甫去了今天的山东和河北一带。战国时期，这里分属于齐国和赵国，又称齐赵地区。

这两年，杜甫的父亲杜闲又升了官，成了兖州❶司马，即当地刺史❷的副官。于是，开元二十五年（737），二十六岁的杜甫去兖州跟父亲打了个招呼，就又出去漫游了。父亲看儿子似乎不急着求取功名，也就没有阻拦他。

杜闲还是相信儿子的才华的。他认为杜甫这次没考中进士，可能真的是运气不好。

而杜甫呢，他这次漫游是要放开手脚，去体验既浪漫又豪放的快意生活。

总之，杜甫穿得漂漂亮亮的，买来一匹好马，就准备上路了。

走之前，杜甫登上兖州城楼，向遥远的地平线望去。棉絮似的白云轻飘飘的，把浩浩荡荡的渤海和连绵的群山温柔地黏到一起。辽阔的平原向东铺到山东青州，向南又一直延伸至江苏徐州。而在北方不远的地方，几十公里外的那座山极其巍峨，就算走出齐鲁大地，想必也能远远地望见它那青色的峰峦。❸

那座大气磅礴的山，就是五岳之首——泰山，又名岱宗。

在兖州城楼上远远地眺望泰山，再思及历代帝王在那里举行过的

---

❶ 兖州：今山东省济宁市兖州区一带。
❷ 刺史：官职名称。唐朝时，刺史相当于太守，是一个州的最高长官。
❸ 参见《登兖州城楼》。

封禅大典，杜甫对那座雄伟的大山有了浓厚的兴趣。又过了些日子，他就来到了这座富有传奇色彩的大山的山脚下。

杜甫感叹，大自然真的太钟爱泰山了，把万般神奇秀美的景色都汇集到这里。山高耸入云，一面是阳光普照，另一面则隐藏在昏暗之中，就好像清晨和黄昏同现一样。走到半山腰，杜甫感到，层层叠叠的云气好似在他胸中的万千沟壑里震荡。他瞪大眼睛，尽情欣赏那些气象万千的云雾和山林间翩然飞旋的归鸟。

爬山很辛苦，但杜甫下定决心，一定要登顶。到了峰顶，杜甫大口喘着粗气，揉搓着腿上僵硬的肌肉，疲惫地俯视山下、眺望远方。"泰山之上不见山"，现在，泰山旁边那些原本也挺巍峨的大山，在杜甫眼中已变得那么渺小。

人生也像登山，当你战胜懦弱和懒惰，克服种种艰难险阻来到山顶后，以前经历的挑战和困顿，都像浮云一样，再也不足为惧了。

岱宗夫❶如何？齐鲁青未了。
造化❷钟❸神秀❹，阴阳割昏晓。
荡胸生曾云，决眦❺入归鸟。

---

❶ 夫：语气助词，表感叹。
❷ 造化：指天地自然。
❸ 钟：聚集。
❹ 神秀：奇伟秀丽。
❺ 决眦（zì）：瞪大眼睛，形容努力远望的样子。决，裂开。眦，眼眶。

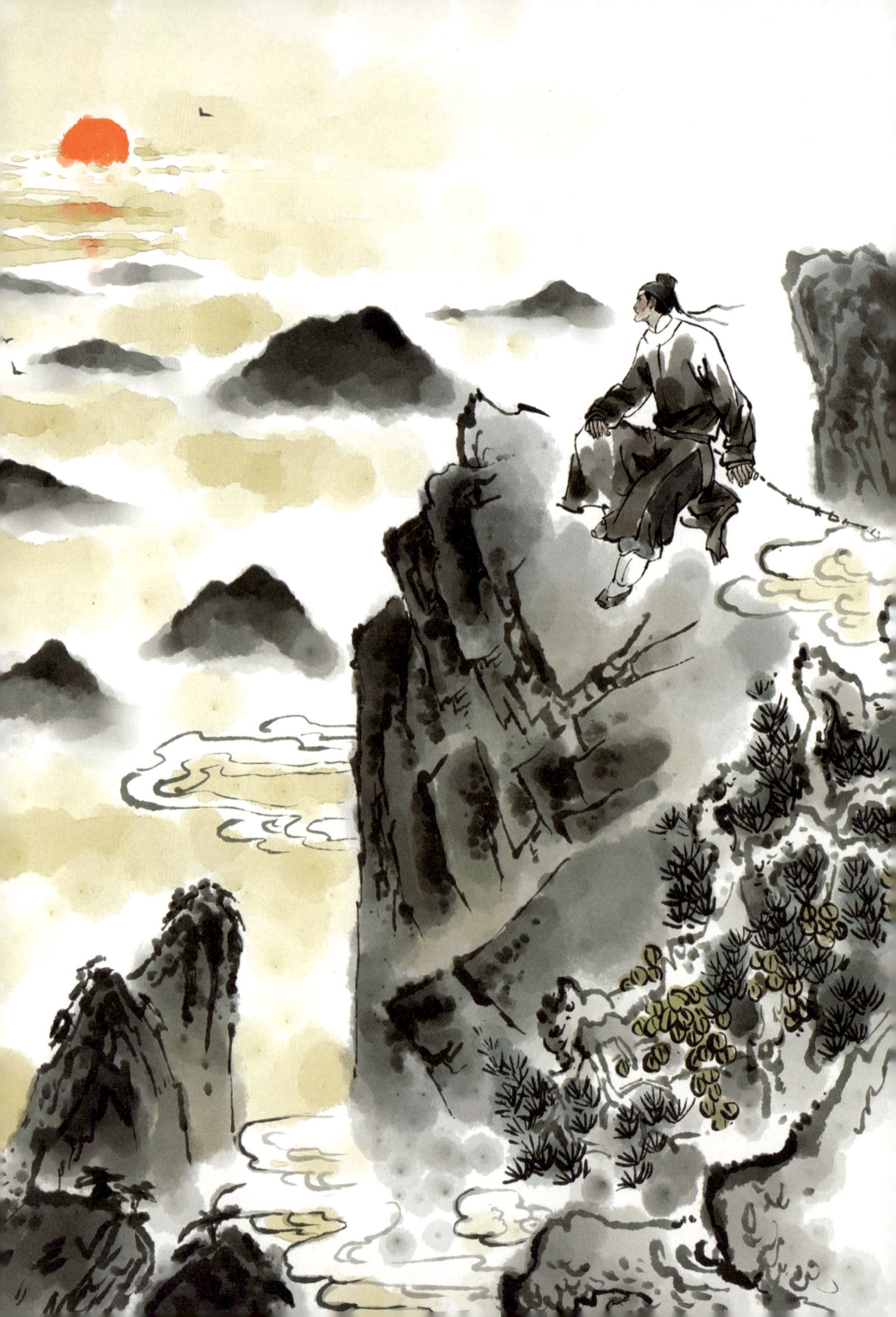

会当凌❶绝顶,一览众山小。

——《望岳》

在漫游的路上,杜甫不仅饱览了齐赵之地雄伟壮阔的自然风光,更结识了诸多志趣相投的朋友。

秋天的傍晚,在紧挨着兖州的任城县❷,杜甫与当地的许主簿❸泛舟南池,在寒蝉凄切的鸣叫声中,静心品味着寻常景色的绝妙之处。❹

漫游的路上,杜甫还与年长自己几岁的苏预❺结下深厚的情谊,两人经常一起到处游猎。

春日暖阳下,邯郸❻的赵王城中,杜甫与他登上赵武灵王时修建的丛台,对这位英明的国君心向往之。杜甫忍不住张开臂膀,摆出张弓搭箭的姿势,引吭高歌。

萧瑟的冬天来临时,杜甫又与苏预来到青丘❼,去齐景公当年设立的苑囿❽打猎。他纵马穿越满是皂荚树和枥树的丛林,在白雪皑

---

❶ 凌:登上。
❷ 任城县:今山东省济宁市任城区一带。
❸ 主簿:官职名称,掌管文书的辅佐官。
❹ 参见《与任城许主簿游南池》。
❺ 苏预:即苏明源,唐朝官员、文学家,杜甫一生最好的朋友之一。
❻ 邯郸:今河北省邯郸市一带。
❼ 青丘:在今山东省淄博市一带。
❽ 苑囿(yòu):指划定一定范围的领地,多用来养禽兽,供人打猎享乐。

皑的山冈上追逐奔驰的野兽。杜甫说，有一次他看准了天上的一只飞鸟，便放开缰绳，让马儿尽情驰骋，自己一箭射出，那鸟儿应声落地。

杜甫射下那只大鸟的时候，苏预正在旁边看热闹呢。他戴着银色的头盔，后脑勺扎着一大朵红缨，全身披着亮闪闪的铠甲。见大鸟落下，苏预比杜甫还兴奋，跟他开玩笑说："我就像晋朝的征南将军山简❶，而你呢，就是我的爱将葛强啦！"

这几年，杜甫费了不少工夫学习骑马和射箭，还养过猎鹰。他从一个柔弱的文人公子摇身一变，成了锦帽貂裘、英姿飒爽的英武青年。

是啊，哪位富家子弟没有幻想过习武从军，成为驰骋疆场的大将军呢？❷

> 放荡❸齐赵间，裘马颇清狂。春歌丛台上，冬猎青丘旁。
> 呼鹰皂枥林❹，逐兽云雪冈。射飞曾纵鞚❺，引臂❻落鹙鸧❼，
> 苏侯据鞍喜，忽如携葛强。快意八九年，西归到咸阳。
>
> ——《壮游》

---

❶ 山简：西晋时期的名士，"竹林七贤"之一的山涛之子。
❷ 参见《房兵曹胡马诗》《画鹰》。
❸ 放荡：无拘无束的样子。
❹ 皂枥林：皂荚树和枥（lì）树。
❺ 射飞：射向飞鸟。纵鞚（kòng），纵马。
❻ 引臂：射箭。
❼ 鹙鸧（qiū cāng）：鹙，秃鹙。鸧，黄鹂。

开元二十七年（739），在汶水①边，杜甫又结识了高适。

高适本人能文能武，相当刻苦，但家境贫寒。他一路漫游，只能寄寓于朋友家中。然而，谁又能想到，多年以后，高适在仕途上飞黄腾达，而杜甫却生活得无比艰难，只能在成都草堂里受冻挨饿。也不知杜甫回想起二人当年相遇的场景，会不会感叹命运无常呢？

长大的瞬间

开元二十九年（741），杜甫三十岁，他的父亲杜闲在这一年撒手人寰。又过了一年，杜甫敬爱的姑姑也去世了。

---

① 汶水：即大汶河，山东省境内的黄河下游支流。

一个男孩到底什么时候才会成为男人呢？我想，或许是当他终于告别所有能依靠的亲人，真正成为家里的顶梁柱，独立扛起家庭重任的那一刻。

杜闲的官位虽然不算太高，但这一家里里外外的花销，都靠他的俸禄支撑。也是靠着杜闲的俸禄，在外人眼里，杜甫才能一直保持光鲜亮丽的公子形象。现在，父亲不在了，杜甫作为家中的长子，是一家之长了，他不挣钱，谁来挣钱养家？他必须承担起这份沉甸甸的责任。

可问题是：怎么挣钱呢？

按理说，当时还有一种"门荫"制度——父亲当官当到一定级别，儿子可以凭借荫补入仕为官。杜闲最后的官职为朝议大夫，按理说，杜甫是可以享受门荫的，但他却把这个待遇让给了弟弟杜颖。兄弟之间情谊之深，由此可见一斑。

然而，让杜甫没想到的是，杜颖已经在临邑❶当了好几年官了，他却还没有谋得一官半职。

杜甫暂停了漫游，回到兖州处理丧事。

杜甫把父亲的遗骨葬入偃师的杜氏家族墓地。杜甫崇拜的老祖杜预，还有他爷爷杜审言的墓都在这里。首阳山下，他盖了座房子，开始了将近三年的守孝。

---

❶ 临邑：今山东省德州市临邑县一带。

孔子说过"三十而立"——人到了三十岁，就该有所成就。

如今，杜甫正好三十岁。在这人生的关键节点，杜甫特地给先祖杜预写了篇祭文，郑重宣誓：绝不忘本。❶

在祭文中，杜甫请伟大的祖先保佑自己，也给自己鼓劲打气：一定要铭记祖先的荣耀，续写家族的辉煌。

面对家庭的重任和越发严峻的现实，杜甫的人生轨迹又会发生怎样的变化呢？

---

❶ 参见《祭远祖当阳君文》。

诗词赏析

与任城❶许主簿游南池

秋水通沟洫❷,城隅❸进小船。

晚凉看洗马,森木乱鸣蝉。

菱熟经时雨,蒲荒八月天。

晨朝降白露,遥忆旧青毡❹。

注释

❶ 任城:旧县名,今属山东省济宁市。

❷ 沟洫:田间水道。

❸ 城隅:城角,多指城根偏僻空旷处。

❹ 旧青毡:出自《晋书·王献之传》,指家里的旧物或珍贵之物。

译文

秋雨让水涨了起来，联通了田地间条条水道。我们的船顺着秋水划进了城角的南池。傍晚天气凉爽，远看有人在洗马，知了在茂密的树林里嘶鸣，声音嘈杂，乱成一片。秋雨过后，菱角已经成熟，时当八月，菖蒲都已衰败。清早向田野中望去，草木上落满了露水。秋凉了，身在异乡的我不禁想念起了老家的旧青毡。

拨开历史迷雾

杜甫为什么没考上进士？

杜甫那么有才华，为什么第一次参加科举没成功呢？

有三个重要原因：一是科举的录取率本来就低；二是杜甫没提前给自己"打广告"，拜谒考官，打点关系；三是杜甫写诗作文喜欢用深奥的典故，才疏学浅的人看不太懂。

除此之外，还有一个重要的原因，可能也影响了杜甫参加这次科举时的发挥。

这件事藏得很深。杜甫的诗《壮游》里有这么一句"忤下考功第，独辞京尹堂"，一笔带过了他参加考试又落榜的过程。学者洪业认为，"忤下考功第"很可能指的是当时发生的一件改变了科举制度的大事。

开元二十四年（736），贡举考试的主考官叫李昂，是吏部❶的考

---

❶ 吏部：唐朝采用"三省六部制"，三省分为中书省、门下省和尚书省。尚书省负责执行法令，下面又有吏部、户部、礼部、兵部、刑部和工部这"六部"。

功员外郎❶。这个李昂二十多年前中过状元，很有才华，性格也很刚直。

考试前，李昂把考生们都叫过来，郑重地告诉他们，今年的科举，纯看谁的文章好，严禁拉关系、走门路。

这本来是件好事，可谁知道，李昂碰上了一个愣头青考生——李权。

李权有个关系很好的邻居是李昂的亲戚，就去向李昂推荐李权。这下子可好，李权直接撞到了枪口上。李昂便拿李权开刀，当着大家的面怒斥他。

李权觉得很委屈，自己也是有才华的，并没想着要"走门路"啊。

李昂不依不饶，继续挖苦李权，并把他当作了反面典型。这下子，李权火了，觉得李昂是故意针对他。这次考试看来是没戏了，既然这样，李权干脆破罐子破摔，绝不能让李昂这个主考官当得那么舒服！

于是，李权特地找来李昂的诗文，使劲挑刺儿。等李昂叫其他考生一块给李权的诗文挑毛病的时候，李权反将一军，说李昂居心叵测，用文字讽刺皇上！

咒骂皇帝可是灭族的大罪啊！李昂被泼了一身脏水，差点儿吓死，赶紧禀报上司，把李权给抓了起来。不过，这件事的影响还在继续。李昂的上司认为，正是因为科举考试的主考官官位太低了，才压不住

---

❶ 考功员外郎：吏部下面有四个司，其中的考功司主要负责官员的考察。考功员外郎是考功司的二把手。

考生，也管不了那些拉关系、走后门的考生。

就因为这场风波，朝廷将整个科举管理进行了改革。原来是吏部的六品官员主管考试，如今改成了由礼部的四品官员负责。考生通过了科举考试，还要由吏部再次考试，通过后才能分到官职。这样一来，考官的威信就大大提升了。

这样一场轰动京城的闹剧，难免会对当年的考生产生影响。而对于反对拉关系、恃才傲物的杜甫来说，这件事恐怕对他的科考也是影响很大的。

尽管没能考上进士，但杜甫依然对自己的未来充满着高期许，对大唐抱有深深的情感。

第三章
绝代双骄

唐玄宗天宝元年（742）
——唐玄宗天宝四载（745）

极乐与虚无

少年时期的杜甫，虽然谈不上锦衣玉食，但至少不必为了吃饭和穿衣的问题操心。然而，人没辛苦挣过钱，就不知道每一分钱有多么来之不易。杜甫为了给父亲办丧事花了很多钱，后来又拿出一笔钱在偃师首阳山下开辟了几间窑洞居住。再加上守孝的这几年里，姑母和继母相继去世，奔走于偃师和洛阳之间的杜甫，对人生开始有了更深的思考。

然而，此时的杜甫还没有什么危机感。毕竟，他这时还没结婚生子，几乎没有家庭压力。另外，杜甫相信凭借自己的才华，实现理想指日可待。

以前，不管杜甫去哪儿，当地名流都会奉他为座上宾，交口称赞他的才华。所以，杜甫曾理所当然地认为，自己会一直被人众星捧月般地礼待。

年轻的杜甫还是太天真了，不明白什么是"寄人篱下"，什么是"人情冷暖"。

随着父亲去世，自己又迟迟未能入仕，杜甫在达官贵人眼中，已不再是有结交价值的世家子弟，而是依附于别人的文人墨客。而那时候，达官贵人们招揽文人墨客，大多都是为了附庸风雅，希望靠他们装点门面，在真正的贵客面前为自己挣点面子。如此一来，这些权贵收获了礼贤下士的声誉，文人也收获了文采风流的美名与入仕的可能，可谓各取所需。然而，在这种情境下，有几个权贵会真心将自己府里的文人当作朋友，平等相待？

在洛阳的日子里，初出茅庐的杜甫在与达官贵人的交往中，渐渐了解到社会黑暗的一面。

比如，杜甫常去郑驸马府上做客。郑驸马在洛阳西边有一处庞大的庄园，里面一座座由嶙峋巨石堆成的假山和苍翠的树木巧妙拼搭，掩映着一座座精巧的亭台。晚霞映照下，水池中的鱼儿裹上了紫色的霞光，不住地冲岸跳跃，美轮美奂。

郑驸马还在一个山洞里打造了一个避暑胜地。到了炎热的盛夏，客人们就倚靠在洞中的竹席上乘凉，用琥珀杯喝酒，用玛瑙碗畅饮冰水，真是十分惬意！❶

然而，这种奢华的生活，却让杜甫心里越来越不是滋味。

杜甫也觉得很奇怪，眼前这精致的生活令多少人羡慕至极，为什么他却对此越来越感到厌烦呢？无论是刻着金孔雀的屏风，还是绣满

---

❶ 参见《重题郑氏东亭》。

芙蓉花的被褥，这些物件一个比一个精美，可有多少实际的用处呢？满桌的美味佳肴、山珍野味，就算再美味，值得那么铺张浪费吗？

杜甫觉察到，权力、财富、美食和声名会让人沉迷其中，而当一个人越是贪图极致的享受，那得到以后的空虚感就越让他难以忍受，为了填补这种空虚，他就得找那些能带来更强烈刺激的东西——这样的恶性循环，一旦开始，就很难结束。

贪婪就像野兽。就在你以为自己占有了越来越多的宝贝时，贪欲却一口一口吞噬了你的心灵。既然这样，一味追求功名利禄的人生，到底还有什么意义呢？

在洛阳生活了两年后，杜甫成熟了一些，不再是看什么都觉得新奇的天真少年。当他离上流社会的生活越来越近时，他反倒感到越来越迷惘了。

杜甫反复问自己：我真的想要这样的人生吗？

相逢何必曾相识

天宝三载（744），唐玄宗干了件莫名其妙的事。

这位皇帝或许觉得，大唐已经无比强盛，再踮踮脚尖，说不定就能向传说中的尧舜时代看齐了，而尧舜时代不用"年"而是用"载"来计算年份，所以唐玄宗下令，以后不再说"天宝某年"了，从这一年开始，统一称"天宝某载"。

也正是在这一年，发生了一件中国古代文学史上的大事——"诗圣"杜甫遇见了"诗仙"李白。

当然，杜甫当时还不是"诗圣"。因为在家族里排行老二，大家就叫他"杜二"。李白也还没得到"诗仙"这个称号。不过，他的诗作已传遍大唐，不少人直接称呼他为"谪仙"——降临到凡间的神仙了。

李白比杜甫大十一岁，是杜甫的前辈。他们在洛阳相遇的时候，杜甫只算是个小有名气的文艺青年，李白却已经当过皇帝身边的"翰林供奉"，名满天下了。李白魅力超凡，无数人为他满腹的才华和潇洒率真的性格倾倒。

杜甫和李白在名气和地位上有着巨大差距，杜甫虽然崇拜李白的才华和豪气，却没将他当作是高高在上的偶像，卑躬屈膝地去讨好。在杜甫眼中，李白与其说是一位文雅浪漫的御用诗人，倒不如说是一位豪情万丈的江湖侠客，让人不禁想与他一同浪迹天涯。

李白也一样，觉得自己遇到了知己。杜甫性格耿直，疾恶如仇，可以跟他一起尽情喝酒，畅谈天下大事，且他学识渊博、文采飞扬，思想非常有见地，还喜欢追寻古人足迹，去故城和遗址感怀历史的兴衰。李白和他正是同道中人啊！

不过，二人现在过得都不怎么顺。

杜甫过着寄人篱下的日子，李白则是在前一年理想破灭。李白一向自视甚高，梦想着成为宰相。他想参与政治，唐玄宗却只把他当成一个陪自己解闷的诗人。理想和现实相差太远，李白当然非常不满。于是，皇帝便顺水推舟，赏赐了李白一笔钱，放他出宫。

入仕无门的杜甫和赐金放还的李白都站在人生的十字路口。他们都对腐朽的社会失去了信心，想要探索更适合自己的人生。正好，李白这段时间想去各地求仙问道，而杜甫也想外出漫游一吐心中浊气，于是两人便相约秋天在陈留❶碰头，一起漫游繁华的梁宋地区，也就是如今的开封、商丘一带。

令杜甫感到惊喜的是，高适这段时间也在陈留旅行。过去这十几

---

❶ 陈留：今河南省开封市陈留镇一带。

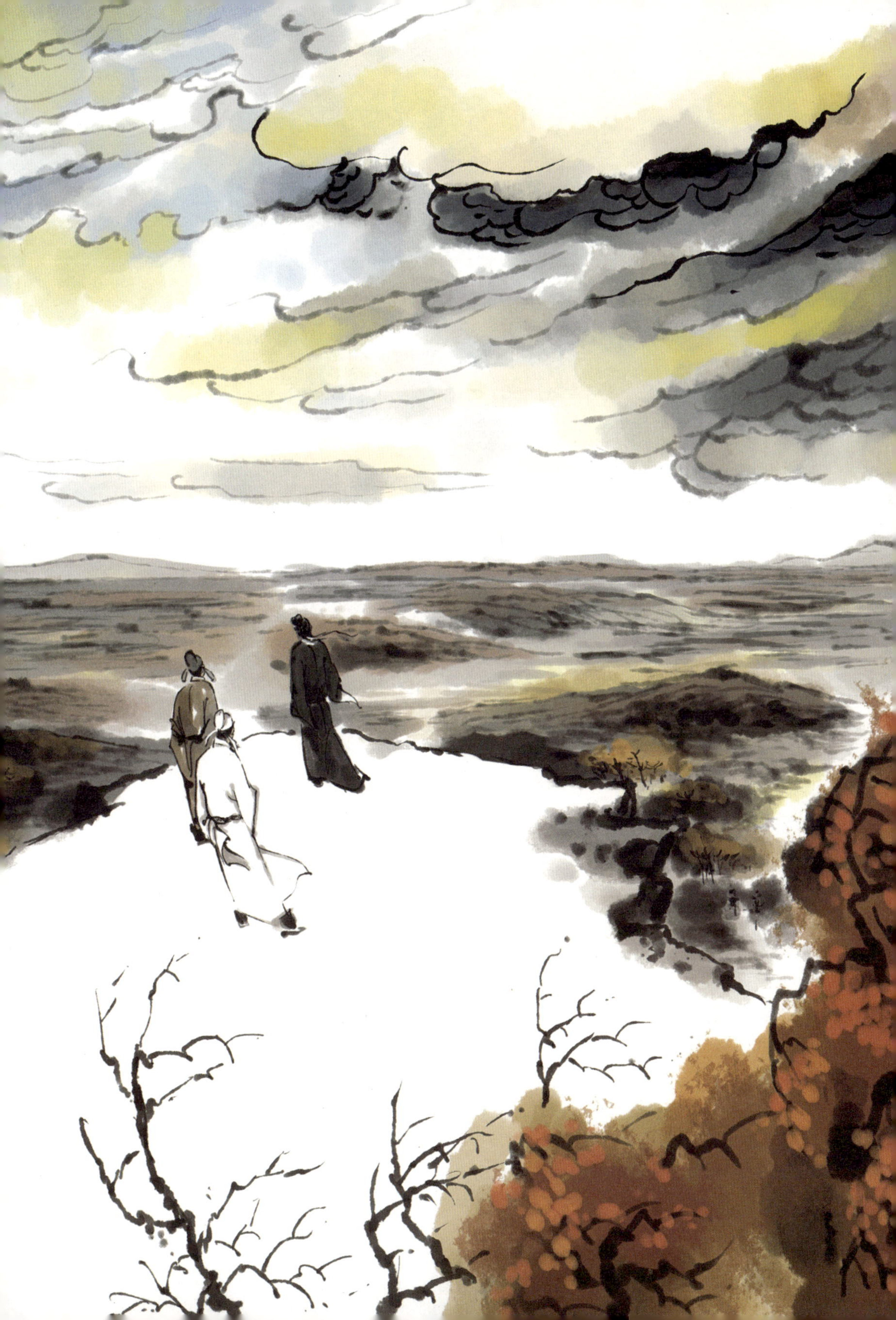

年,他依然处处碰壁,没有遇到施展才华的机会,落魄得很。

同是天涯沦落人,相逢何必曾相识?

于是,三个失意青年一拍即合,一块踏上了找寻自我的旅途。

杜甫和李白、高适去了很多地方,他们一路上寻访古迹、饮酒作诗。

深秋时节,三人到了单父❶。当地官员盛情款待他们,还组织了一场盛大的围猎活动。孟诸泽❷一带的狐狸和兔子,几乎被一扫而光。

秋风萧瑟,落叶如雨。诗人们登上一座高台,眺望远方的原野。冬天就要来临,大地上一片冷清、肃杀的景象。在这万物凋零的时刻,目睹此情此景,杜甫不禁想到了边境的战事。

这些年,大唐国力强盛起来,就开疆拓土,希望通过战争夺取更多领地。战争就像一个无底洞,无论胜利还是失败,都很劳民伤财。来自全国各地的金钱和物资,源源不断地向边境输送过去,又迅速湮灭在战场掀起的黄沙之中。

说起这事,高适也很有感触。他一直关注边境的战事,前两年还写就了著名的《燕歌行》。士兵们前赴后继地战死沙场,百姓们勉力

---

❶ 单父:今山东省菏泽市单县一带。
❷ 孟诸泽:又叫孟渚泽,在单县西南,传说是夏朝第六代国君少康的复兴地,也是商汤氏族的发源地。

供奉战争物资，负担越来越沉重。然而，老百姓为了战争付出了那么多，功劳却全归领兵打仗的将领了。

士兵们在前线浴血奋战，将领们却在营帐里同美人唱歌跳舞取乐。打了胜仗，稍微有点战果，将领们就夸大其词，跟皇帝邀功请赏，得以加官晋爵。一旦吃了败仗，他们却瞒着不报，大事化小、小事化了。真令人气愤！

昔者与高李❶，晚登单父台。寒芜❷际碣石，万里风云来。
桑柘❸叶如雨，飞藿去裴回❹。清霜大泽冻，禽兽有馀哀❺。
是时仓廪❻实，洞达❼寰区❽开。猛士思灭胡，将帅望三台❾。
君王无所惜，驾驭英雄材。幽燕❿盛用武，供给亦劳哉。
吴门⓫转粟帛，泛海陵蓬莱⓬。肉食三十万，猎射起黄埃。

——《昔游》

高适执着于建功立业，还是比较现实。他对修道成仙没什么兴趣，不久，就告别了杜甫和李白，一个人向南走了。杜甫则是继续跟着李白，一路陪他追寻那传说中的修仙长生之术。

---

❶ 高李：指高适和李白。
❷ 寒芜（wú）：寒冷秋天里的杂草。
❸ 桑柘（zhè）：桑树和柘树，树叶可以喂蚕。
❹ 飞藿（huò）去裴回：凋零的豆叶随风旋转飘舞。飞藿，凋零的豆叶。裴回，彷徨、留恋的样子。
❺ 馀哀：无尽的悲哀。
❻ 仓廪：储米的仓库。
❼ 洞达：畅通无阻。
❽ 寰区：天下，人世间。
❾ 将帅望三台：此处可能指安禄山作为范阳节度使，想要索取宰相的权力。661—662 年，唐高宗将尚书省改称中台、中书省改称西台、门下省改称东台，合称三台。
❿ 幽燕：指河北北部和东北部等地区，以前属于幽州，又是战国时期燕国的地域。
⓫ 吴门：指苏州。
⓬ 蓬莱：指今山东省蓬莱市一带。

修仙梦的幻灭

杜甫和李白千里迢迢来到了王屋山。王屋山是著名的道教圣地，传说，周朝有一位王子，就是在这里得道成仙的。

两位诗人从一条偏僻的山谷出发，一路跋涉，来到了一座道观。据说，这座道观里有一位很有名的道人。然而，他们到达时，这位道人已经去世很久了。

道人的大弟子打开了尘封已久的炼丹房，请李白和杜甫参观。房间里挂着的道袍上还有着药粉的余香，丹炉里却只剩一炉燃尽的死灰。

天色已晚。杜甫整夜都待在道观的阁楼里发呆，看那月光虚弱地笼在庭院里的仙鹤身上，被羽毛的纹理割得支离破碎。听着山谷中风的叹息、水的泣涕和野

兽的号叫，杜甫的内心满是凄凉和悲哀。

一生修道，到头来，炼出长生不老的仙药了吗？得到长生了吗？❶

李白倒还是兴致勃勃。这次空手而归，他没当一回事，反而更来劲了。李白打算再努力一下，前往齐州❷请高天师授道，成为得到官方认证的正牌道士。拿到这道士资格可不容易，得去正统的道观学习，再通过一系列烦琐的考核，并要举行一系列的仪式。李白平日那么不拘小节，如今竟然为了成为一名正牌道士而愿意忍受那么多道门规矩的束缚，让人觉得不可思议。

修道这件事，杜甫虽然也感兴趣，但不像李白那么执着。王屋山之行，他挺失望的，就渐渐从对道教的迷狂中清醒过来，暂时与李白分别了。

天宝四年（745）夏天，北海太守李邕和杜甫一起游齐州历下亭。杜甫所作的《陪李北海宴历下亭》中的一联"海右此亭古，济南名士多"，至今被镌刻在济南大明湖畔的历下亭上，为游客所瞻仰。

结束了历下之游后，杜甫先前往临邑探望弟弟杜颖，待秋天时又回到了父亲曾任司马的兖州。此时，兖州已更名为鲁郡，已不见父亲的身影，此情此景，物是人非，不禁让杜甫感慨万千。

幸好，李白有家人一直寄居在与兖州近在咫尺的任城，且在当地

---

❶ 参见《昔游》《忆昔行》。
❷ 齐州：今山东省济南市。

有一些田产。李白和杜甫便在任城重逢。

再次相见时，两人仍像飞蓬草一样前途未卜、飘忽不定。李白见到杜甫，高兴之余，又眉飞色舞地说起修道的种种好处。杜甫虽然已经不太相信所谓的炼丹成仙之术了，但面对李白的满腔热情，他实在不好意思浇一盆冷水下去。反正暂时也没别的安排，他索性接着跟李白外出漫游好了。

于是，李白和杜甫再次结伴而行。他们早已结为莫逆之交，白天并肩前行，晚上抵足而眠，就如同亲兄弟般亲密。

这天，李白、杜甫二人一起去任城城外探访一位姓范的隐士。荒郊野岭的，他们迷了路。马儿也发神经，把杜甫从背上掀了下去。杜甫正好滚到苍耳丛里，带刺的苍耳钩了他一身。李白也是一身的汗和土。两个人别提有多狼狈了。范隐士见到他俩后，笑得眼泪都快出来了。接着，他拿出酒菜招待，三人一醉方休。

李白还带着杜甫去见他的道友，学了一段时间炼丹术。不过，杜甫心中早没了对求仙问道的热情，他学得心不在焉，白折腾了一番。他早就想通了，一味逃避现实是行不通的，他早晚还得回到红尘之中，为实现自己的理想而努力。❶

杜甫羡慕李白的潇洒和不羁，但他毕竟不是李白，没有经历过这

---

❶ 参见《与李十二白同寻范十隐居》《玄都坛歌寄元逸人》。

位"谪仙人"在长安所经历的一切,也就无法真正理解李白的选择。

秋来相顾尚飘蓬❶,未就丹砂❷愧葛洪❸。
痛饮狂歌空度日,飞扬跋扈为谁雄❹。

——《赠李白》

李白那张桀骜不驯的面具下面,掩藏着极大的愤慨和无边的孤独。他始终期待自己的才华被人看到,并被充分运用到"正道"上去,然后建功立业,真正成为"天下人的李白",而不仅仅是一个才高八斗却百无一用的狂徒。

李白非常明白自己想要什么——他想成为国家的栋梁,达成四海升平的理想。只可惜,李白可能一直都没想清楚一件事:作为文人,他才华横溢。但作为政治家,他确实不够格,也不适合。

李白空有一腔治国理政的热情,但大多数时候,他只是纸上谈兵。唐玄宗阅人无数,自然知道李白虽有才气,却目空一切、感情丰富又任性。这种人可以写出千古名篇,却没能力和魄力解决实际的社会问

---

❶ 飘蓬:随风飘转的蓬草,形容流离漂泊的人,此处比喻李白和杜甫二人。
❷ 丹砂:水银和硫黄的化合物。道家炼丹术认为可以从丹砂里炼出金丹,吃下就能长生不老。
❸ 葛洪:东晋时期著名道士。
❹ 飞扬跋扈(bá hù)为谁雄:大致意思是,(李白)你使劲饮酒作歌,这么肆意洒脱的样子,如此逞强,是为了给谁看呢?此处的"飞扬跋扈"和今天的意思不同,今天多指霸道蛮横,不守法理。

题，更没有耐心去处理琐事，怎么可以委以重任呢？

李白仰望繁星，追逐着高远的理想，却不能低下他高傲的头颅，看清真实的自己。

秋末冬初，在两人曾经一同游玩过的石门山，杜甫告别了李白，踏上了回家的路。谁知道，这竟是"诗圣"和"诗仙"的永别。

隔了许多年，杜甫再也没见过李白，却时常想起他，想起那个在月影下、原野上、夜宴中和炉鼎间都飘逸绝伦的身影。他写了很多首怀念李白的诗，有的寄出去了，有的只是为了一吐思念之情，写完就搁在手边。

海阔天空，山高路远。当大唐盛世已然不再，杜甫只能默默祈祷那寄出的一张张薄薄的信笺，能飞越崇山峻岭和连绵战火，送到不知是否还在人世的老友手上。

诗词赏析

春日忆李白

白也诗无敌,飘然思不群[1]。
清新庾开府[2],俊逸[3]鲍参军[4]。
渭北[5]春天树,江东[6]日暮云。
何时一樽酒,重与细论文[7]。

注释

[1] 不群:不平凡,高出于同辈。

[2] 庾开府:指庾信。在北周官至骠骑大将军、开府仪同三司(司马、司徒、司空),世称庾开府。

[3] 俊逸:俊秀飘逸。

[4] 鲍参军:指鲍照。南朝宋时任荆州参军,世称鲍参军。

[5] 渭北:渭水北岸,借指长安(今陕西西安)一带,当时杜甫在此地。

[6] 江东:指今江苏省南部和浙江省北部一带,当时李白在此地。

[7] 论文:即论诗。六朝以来,通称诗为文。

译文

　　李白的诗作无人能敌，他的才思也是超群脱俗。李白的诗作既有庾信诗作的清新之气，也有鲍照作品那种俊秀飘逸之风。如今，我在渭北独对着春日的树木，而你在江东远望那日暮薄云。天各一方，我们只能遥相思念。什么时候我才能与你一起喝酒，慢慢品论诗文呢？

拨开历史迷雾

李白和杜甫只是"表面朋友"吗?

有人说,李白其实并没有把杜甫当知心朋友,所谓的两人感情深厚都是杜甫自作多情。

还有人说,文人相轻,文人之间哪有真正的友谊?杜甫其实也瞧不上李白的诗!

事实真的是这样吗?为什么会有这些说法呢?

首先,说李白并不珍惜两人友情的人,大多声称,杜甫给李白写了一堆诗,李白却一首诗都没给杜甫写!这难道不能说明,李白是个薄情寡义的家伙,并没有像杜甫一样看重这份友谊吗?

事实并非如此!

李白不但给杜甫写过诗,还写过不止一首。两人在兖州重逢的时候,李白看见杜甫清瘦了不少,就写了首《戏赠杜甫》,调侃他写诗累瘦了。

两人在鲁郡石门山分别时,李白送给杜甫一首离别诗《鲁郡东石门送杜二甫》。他幽幽地问杜甫：我们什么时候才能重逢，在这石门山前的路上再次举杯畅饮呢？这次告别以后，你我就像蓬草一样各自分飞了。没办法啊，只能先干了这杯酒了！

告别杜甫以后，没过多久，李白又写了首《沙丘城下寄杜甫》。其中有一句"思君若汶水，浩荡寄南征"，意思是：我对你的思念，就像这大汶河河水一样滔滔不绝啊！你一路向南走，就让我的思念随你一路南行吧！

写出这样对好友情真意切的诗句的李白，怎么可能不珍惜他和杜甫之间的友谊呢？

当然，比起杜甫写给李白的诗，李白写给杜甫的诗确实少了些。但我们不要忘了，那可是一千多年前的唐朝，不像现在这样，只要动动指头，几秒钟工夫，对方就能收到信息了。李白和杜甫或许互相给对方写了不少信，但因为交通不发达，又赶上漫长的战乱年代，或在路上丢失了，或在漫长的岁月里失传了。我们不能因为看不到几首流传下来的作品，就说李白根本没写呀！

况且，人的性格是不一样的。杜甫心思细腻，很重感情，显然是那种格外在乎朋友的人。而且，他一旦过得不开心，就免不了回忆起从前快乐的日子，想起当年的那些好朋友。一思念他们，杜甫就忍不住开始写东西了。

李白就完全不一样。他天性潇洒不羁，想干的事多得很，不是那种整天牵挂着朋友的人。就像现在的很多人，逢年过节也不爱主动给朋友发短信一样，李白大概也不觉得，真正的友情非得靠书信来往才能维系。

再加上后来，李白跟随永王李璘以后，被判为反贼，流浪了很久。乱世之中，命都顾不过来了，让他这时候再去惦记杜甫过得好不好，确实有点强人所难了。

我们再回到第二个问题：为什么会有人说杜甫瞧不上李白的诗呢？

提出这个说法的人，比如著名的王安石，基本是因为看到杜甫的《与李十二白同寻范十隐居》里面的"李侯有佳句，往往似阴铿"，与《春日忆李白》里面的"白也诗无敌，飘然思不群。清新庾开府，俊逸鲍参军"，就理解成了杜甫不怀好意，拿李白跟阴铿、庾信和鲍照这样的"二流"诗人相比，是在讽刺他写诗不行。

但其实，杜甫是真心喜欢阴铿、庾信和鲍照，才反复在诗里提到他们。杜甫把李白和他们相比，是认为李白的诗清新俊逸，笔力雄健，既跟那几位诗人有异曲同工之妙，又有独特的长处。这恰好说明，杜甫格外欣赏李白的诗。

况且，杜甫写了许多为李白鸣冤的诗，称赞他七言古诗写得特别好——"近来海内为长句，汝与山东李白好"，还说他写起诗来惊天地、泣鬼神——"笔落惊风雨，诗成泣鬼神"。"诗圣"怎么可能人品如此低劣、心胸如此狭窄，靠在诗里偷偷摸摸插进去几个人名来贬损李白呢？

所以说，杜甫和李白确实是惺惺相惜的莫逆之交。这两位才子的相遇相知，是千年不遇的奇迹，也是一段流传千古的佳话。

第四章

孤注一掷

唐玄宗天宝五载（746）
——唐玄宗天宝十载（751）

野无遗贤

天宝五载（746）春天，杜甫回到了长安。

他有时会去参加名流聚会，有时会和朋友一起举杯畅饮，直抒胸臆。

寂寞的时候，杜甫就会想起李白，怀念那些和李白一起纵马放歌的快活日子。

不过很快，杜甫就把注意力转移到了谋仕上来了。在当时，士子进入仕途，主要有四种方法：参加进士考试、投赠干谒权贵、从军边塞、直接投匦献赋。

刚到长安时，杜甫信心满满。他在等一个机会，一个直接向皇帝展示自己才华的机会。

我们的诗人还是很幸运的。只过了一年，天宝六载（747），唐玄宗便宣布，特别举办一次"制科"考试，向全天下征召人才。

不管你身份是高是低，只要有一项"特长"，就可以参加这次选拔。当然，既然是特殊考试，关注度自然就更高了。五湖四海前来应征的士子非常踊跃。他们都想借这次特殊的考试证明自己、获得功名,进而扬名天下。

这次制科考试的形式,跟吏部的一般官员选拔考试差不多,主要考查诗、赋、论、策四部分,综合考量每位考生的文采、逻辑思维和战略眼光。

然而,这次考试却成了一个天大的笑话,甚至因此诞生了一个著名的典故——"野无遗贤"。

事情是这样的,这次考试由右相兼尚书左仆射的李林甫负责。

按照唐朝的制度,宰相一般由数人担任,共同行使宰相的职权。然而,李林甫当时是宰相中权力最大的一位。许多后人将李林甫描述成一个十恶不赦的坏蛋,说他玩弄权术,欺上瞒下,坏事做尽。关于这次考试,流行一个说法,李林甫怕这次考试招到有才干的人,将来威胁到他的地位,于是,考试结果出来后,李林甫对唐玄宗说:"这次考试啊,没有一个人通过——真是要恭喜陛下啊!如今'野无遗贤',这天下有才能的人啊,都被您收至麾下了!"

唐玄宗很高兴,觉得全天下的人才真都为他所用了。我们的诗人杜甫呢,就跟所有考生一样,遗憾地落榜了。而下一次再有这样的机会,不知道要等到什么时候了。这次考试以后,杜甫几乎断绝了以科举入仕的希望。

这一年,杜甫已经三十六岁了。他本该在朝廷里大展宏图,可他却依然漂泊在这混沌的长安城里,看不清未来的路在哪里。

难道"致君尧舜"真的是他无法实现的理想吗?他真的只能回归

乡野，默默耕读，了此一生吗？

不，他不能轻易放弃！为了实现理想，杜甫咬牙选择了另一条路，一条必然充满心酸和血泪的路——向达官贵人干谒投赠，以求得援引。

绝地求生

以前的杜甫，对未来充满自信，觉得万事俱备，只欠东风，只要抓住一个机会，他就能实现抱负。

然而，为了实现理想，也为了不辱没门楣，杜甫不能再心平气和地等下去了，他只得走上了屈辱的投赠干谒之路。

杜甫开始频繁地给皇亲国戚、高官显贵们投赠诗篇，以求得到他们的援引，走上仕途。这些诗的内容都差不多，上来先褒扬一番对方的人品和成就，紧接着就是诉说自己怀才不遇、生活困苦，恳切地希望能得到施展才华的机会。

比如，杜甫在写给翰林学士张垍❶的诗中说：

---

❶ 张垍（jì）：唐朝官员，唐玄宗的驸马，极受恩宠。后来却背叛唐朝，接受了安禄山的任命。

"您是翰林,离皇帝那么近,位高权重,就像冲破海面的巨鲸……您是高高在上的凤凰,我不能追随攀附,只能像车胤❶那样,囊萤映雪,埋首苦读,自叹贫苦。我这一生勤奋刻苦,任春草风光诱人,亦不为所动,怎料年纪将老却一事无成,竟然像浮萍一样独自漂泊。"❷

然而,一次次的希望换来的是一次次的失望。杜甫的投赠诗虽然写得好,对仗工整,才气浩瀚,但效果并不佳。对权贵们来说,杜甫到底和他们不是一路人,所以他们都没怎么搭理杜甫。

处处碰壁的杜甫,生活越来越窘迫。

长安的房租昂贵,囊中羞涩的杜甫只能去亲戚朋友家暂住。他还怕待久了招人烦,就在一家住上几天,再换到另一家。三十六岁到四十岁这几年,正值壮年的杜甫不但没能建功立业,甚至食不果腹,人格尊严也被狠狠践踏。用杜甫自己的话来说就是:"朝扣富儿门,暮随肥马尘。残杯与冷炙,到处潜悲辛。"

在长安这座繁华的都市,杜甫终于感受到了何谓世态炎凉、人情冷暖。

有的亲戚朋友原来对他可好了,现在,看杜甫一把年纪却没什么出息,态度就一百八十度大转弯,将他扫地出门不说,还赶紧跟他划清界限,唯恐丢人。这种基于利益交换的亲情和友情,多令人不屑啊!

---

❶ 车胤(yìn):东晋官员,形容人刻苦学习的"囊萤映雪",就是出自他的故事。
❷ 参见《赠翰林张四学士》。

杜甫一向高傲,他怎能忍受这样的羞辱呢?

> 翻手为云覆手❶雨,纷纷轻薄何须数。
> 君不见管鲍❷贫时交,此道今人弃如土。
>
> ——《贫交行》

漫步在繁华的都城之中,杜甫经常感觉,他和这个盛世是格格不入的。不管是眼前的欢笑,还是远方的歌声,都像是在另一个平行世界里的景致,跟他没有一点关系。

这一年,大将高仙芝得胜回朝。长安城人头攒动,人们夹道欢迎高仙芝和他的将士们凯旋。

士兵们都骑着胡人的战马。高仙芝的那匹骏马毛色青白相间,更是神骏异常。

高仙芝与自己的爱马感情深厚,他从茫茫大漠把自己的爱马带回,就是为了让它留在京城养老。

然而,在杜甫看来,这匹骏马一定不甘心戴上笼头和缰绳,成为家畜,在安逸的生活中老死。虽然它早已"功成名就",但它的心一定还留在万里之外,渴望着再次在沙场上风驰电掣地奔跑。

马犹如此,一个人壮志未酬,该有多么不甘心啊!

---

❶ 覆手:向下翻手掌,形容做事很容易。
❷ 管鲍:管仲和鲍叔牙,春秋时候的名臣。这里指情谊深厚的朋友。

  安西都护胡青骢❶，声价欻然❷来向东。此马临阵久无敌，与人一心成大功。

  功成惠养❸随所致，飘飘远自流沙至。雄姿未受伏枥❹恩，猛气犹思战场利。

  腕促蹄高如踣铁❺，交河❻几蹴❼曾冰裂。五花散作云满身，万里方看汗流血。

  长安壮儿不敢骑，走过掣电倾城知。青丝络头❽为君老，何由却出横门❾道？

——《高都护骢马行》

  在那个时代，如果没有显赫的身世背景，人生想要逆袭可太难了。

  杜甫也不是没有起过归隐田园的念头，但终究只是说说而已。他从小接受的传统儒家思想教育，早就把"致君尧舜上，再使风俗淳"的理想植入了他内心的最深处。即使穷困潦倒、饥寒交迫，杜甫也

---

❶ 青骢（cōng）：有着青白相间毛色的骏马。
❷ 欻（xū）然：忽然。
❸ 惠养：加恩抚养，意思是好好优待照顾着饲养。
❹ 伏枥：马趴在马槽上，指被人驯养。
❺ 踣铁：踩踏铁器，比喻马蹄非常坚硬有力。
❻ 交河：西域三十六国之一的"车师前国"的都城，遗址在今新疆维吾尔自治区吐鲁番市西边。
❼ 蹴（cù）：踏，踩。
❽ 络（luò）头：马笼头，又有古代束发头巾的意思。这里是杜甫在借马的遭遇来说自己不得志。
❾ 横门：长安城北西起第一门。

在倔强地苦苦坚持。他始终相信,曾经缔造过"开元盛世"的唐玄宗是一位明主,如今国家的乱象是因为唐玄宗受到了奸臣的蒙蔽。如果唐玄宗能得到贤臣辅佐,一定能重整大唐雄风,而他愿意为这个理想忍辱负重!

三大礼赋

就在所有人都认为杜甫前程渺茫时,杜甫的机遇来临了。这一次,唐玄宗竟然亲自选中了他。

天宝九载(750),一个奇异的天象发生了——金星、木星、火星、土星都聚集在了尾宿所在的天空,也即"四星聚尾"。按照《史记·天官书》的解释,这对统治者来说,是"有德受庆,无德受殃"。迷信的唐玄宗便决定举办三场盛大的庆典,强行制造"有德受庆"的氛围,以抵消"四星聚尾"可能潜藏的消极意味。

天宝十载(751)正月,祭祀太清宫、朝享太庙和南郊合祭天地的三大盛典顺利举行,杜甫抓住这次时机,在献纳使田澄的帮助下,通过"投匦献赋",适时献出"三大礼赋"。

"礼赋"又是什么东西呢？简单来说，就是办大典需要的"宣传稿"。皇帝办典礼，肯定得跟大家说说，这大典为什么要办，他的决定是多么圣明。这个时候，就非常需要有人给他写漂亮文章了。

杜甫蹉跎了这么久，总算有了上达天听的机会。

现在是杜甫离梦想最近的时刻了，天知道他有多兴奋，又有多紧张！杜甫倾尽所学，写下一列列华美又典雅的文字，最终献上了《朝献太清宫赋》《朝享太庙赋》和《有事于南郊赋》这"三大礼赋"。这些文章在极力赞美唐玄宗圣明的同时，也用了很多历史典故，委婉地对皇帝进行了劝谏。

进入仕途只是杜甫实现理想的手段，他绝不会为了功名利禄而本末倒置，忘记一个正直的臣子应守的本分。

很快，杜甫的"三大礼赋"就到了唐玄宗的手上。唐玄宗看了杜甫的文章，非常激动，立刻把大臣们都叫过来欣赏。在大典就要举行的关键时刻，恰好有人献上了这么精彩的礼赋，这怎么不是天意所向呢？接下来，就看那些官员如何向全天下宣传这些文章了。

杜甫似乎终于能实现自己的抱负了！他走过那么多弯路，这次终于迈出了正确的一步。

靠文章打动皇帝——这对一个被埋没了许久的文人来说，是多么大的荣耀和鼓舞啊！无论换作谁，这都会成为他人生的高光时刻。

唐玄宗直接下令，让杜甫在集贤院等待诏令，随后会由宰相对他进行单独的制科考试。

集贤院是当时唐朝顶级的文艺学术机构，那里的官员主要负责整理和编写图书，有时也当皇帝读书、写诗的顾问。

而此时的宰相是谁呢？依然是李林甫。

正月之后，这场独特的考试开始了。宰相李林甫不仅是主考官，还亲笔书写了考试题目，集贤院的学士们则承担起了监考的责任。主考和监考的阵容已经如此强大，而考试的地点就更吓人了——宰相们共同议政的政事堂。

想象一下当时的场面吧！在这间曾商量过无数国家大事的屋子里，主考官李林甫坐在上座，谁都猜不透他在想什么；集贤院学士们环列四周，都在等着欣赏他的答卷。杜甫也知道这是自己千载难逢的机遇，成败在此一举。他一边奋笔疾书，一边压抑着激动的心情。❶

考试结束了，结果还算理想，主考官与监考官们对杜甫的评价都很不错。

---

❶ 参见《赠集贤院崔于二学士》《进封西岳赋表》《莫疑行》。

然而，按照唐朝的规矩，不管是考进士还是制科考试，就算通过了，也不能马上当官，只能先在吏部备案，候选三年。所以，杜甫得再等三年，然后参加官员选拔考试，才能被任命为官员。

杜甫只能苦等。但不管怎样，未来的日子里他终于有了盼头。

这是杜甫来到长安的第六个年头。他真的好想、好想回家看看啊。

诗词赏析

同诸公登慈恩寺塔

高标❶跨苍穹,烈风无时休。
自非旷士怀,登兹翻百忧。
方知象教❷力,足可追冥搜❸。
仰穿龙蛇窟❹,始出枝撑幽。
七星在北户,河汉声西流。
羲和❺鞭白日❻,少昊❼行清秋。
秦山忽破碎,泾渭不可求。
俯视但一气,焉能辨皇州❽。
回首叫虞舜❾,苍梧❿云正愁。
惜哉瑶池饮⓫,日晏昆仑丘。
黄鹄⓬去不息,哀鸣何所投。
君看随阳雁⓭,各有稻粱谋⓮。

注释

❶ 高标:指慈恩寺塔高耸入云。
❷ 象教:即佛教。

❸ 冥搜：探求幽深玄妙之境。

❹ 龙蛇窟：比喻塔内盘旋而上的阶梯如龙蛇洞穴。

❺ 羲和：神话中太阳神的驾车者。

❻ 鞭白日：指时光飞逝。

❼ 少昊（hào）：司秋之神，点明登塔在秋季。

❽ 皇州：帝都长安。

❾ 虞舜：上古贤君，暗指唐太宗。

❿ 苍梧：舜葬之地。后面的"云正愁"，喻盛世消逝。

⓫ 瑶池饮：周穆王赴瑶池宴西王母，讽唐玄宗沉溺享乐。

⓬ 黄鹄：天鹅，象征高洁之士，也是杜甫的自喻。

⓭ 随阳雁：候鸟，喻趋炎附势的小人。

⓮ 稻粱谋：为温饱钻营，反衬诗人的忧国情怀。

译文

高塔直插云霄，狂风呼啸不休。若非豁达之人登临此处，只会勾起满腔烦忧。我才知佛教的宏伟之力，竟能造出如此幽深玄妙的高塔！穿过塔内龙蛇般的阶梯，钻出纵横交错的梁木结构。北斗七星近在窗口，银河向西奔流仿佛有声悠悠。羲和挥鞭催赶着太阳，秋神少昊已铺开清冷寒秋。俯瞰秦岭忽然破碎散落，泾水渭水浑浊难分清浊。天地间只剩一片混沌，哪里还认得出长安城郭？回头呼唤贤君虞舜，只见苍梧山上愁云密布。可叹君王瑶池宴饮忘忧，日落时仍醉卧昆仑山头！天鹅高飞一去不返，哀鸣声声何处可投？你看那群趋暖的候鸟，个个只顾谋食争抢不休。

拨开历史迷雾

李林甫真的是一代奸臣吗？

多少年来，李林甫的形象一直是一个无能的坏蛋、一个"口蜜腹剑"的小人。很多人都说，李林甫没啥文化，纯靠关系上位，还嫉贤妒能，坑害了一大批正直有才能的大臣。甚至有三位太子和皇子都因他而死！还有人说，李林甫为了保住宰相之位，不让大臣去边境带兵打仗，免得他们打了胜仗，回来升官，把自己挤下去。于是，李林甫把兵权交到胡人手上，使得安禄山这样的节度使实力越来越强，最终导致"安史之乱"的发生。千百年来，李林甫背上了千古骂名，似乎大唐盛世就是被他毁掉的。

事实果真如此吗？李林甫真的是个百无一用的坏蛋吗？

一直以来，关于"野无遗贤"的典故可以说是李林甫嫉贤妒能的铁证。就连《新唐书》和《资治通鉴》都说，没有一个考生通过那次制科考试，是李林甫耍了皇帝和所有考生，为的就是不让有才能的人进入仕途，威胁到他的宰相之位。唐玄宗昏庸无能，因此李林甫奸计得逞，继续包揽大权。

这个说法太流行了。但其实，《新唐书》和《资治通鉴》是宋代人写的；"野无遗贤"这件事呢，最早却是跟杜甫一起考试的元结说的。《新唐书》和《资治通鉴》基本照搬元结的话，却把原文的"布衣之士无有第者"改成了"遂无一人及第者"，好像真的没人通过考试一样。事实上，根据历史记载，还真有那么一两位考生通过了这次考试。只不过，他们本来就是官员，不是"布衣之士"。

李林甫的人品确实有很大问题，但作为宰相，他还是很有能力的。

唐玄宗一直看人很准，宰相换得也很勤。几乎每一次任用新宰相，唐玄宗都能充分发挥他们的长处，解决当时国家最需要解决的问题。"开元之治"时期，两位公认的贤相姚崇、宋璟各当了三年多宰相。李林甫做了多少年宰相呢？十九年！基本大权独揽。他怎么可能没有能力，只会愚弄皇帝？

李林甫的文学才能虽然不能跟李白、杜甫相比，但他毕竟担任过国子监❶的二把手，主抓教育，还有三首诗入选《全唐诗》，文采还是不错的。

不过，比起学问，李林甫最大的长处，是他对规则和秩序极其敏感。李林甫非常善于调整制度，让一切变得简单又高效。唐朝的繁荣盛世背后浮现出各种问题的时候，皇帝最需要的，就是李林甫这样"人

---

❶ 国子监：中国古代最高教育管理机构。

狠话不多"、能解决实际问题的实干家。

朝廷的钱不够花，别的大臣都劝唐玄宗省钱，李林甫却敏锐地发现，各地的财政体系一直很混乱，偷税漏税的现象很严重。如果该收的税都收上来，朝廷不就有钱了？于是，经李林甫大刀阔斧改革之后，皇帝的腰包又鼓了起来。

而在法律、军事方面，李林甫也结合实际情况，解决了很多严重的问题。节度使拥兵自重，李林甫也想了一些办法，让安禄山都对他服服帖帖。至于"安史之乱"，是很多偶然和必然因素共同导致的，不能全怪到李林甫头上。

然而，李林甫最大的问题，是太迷恋权力了。

李林甫不是一般的城府深厚。一切威胁到他宰相之位的人，不管是大臣还是皇子，李林甫都会一一除掉。他想让谁身败名裂，不会随便找借口诬陷，而是揪住他们犯下的错不放，利用规则狠狠地惩罚对方。或者，李林甫看准了这些人的性格弱点，就挖好陷阱，等着他们自己跳下去。

这些陷阱都是精心布置好的，一般都能扯到"威胁皇位"上面去——这可是最大的罪名。这么看，李林甫的心机实在是太可怕了！

唐玄宗的皇位，是他当年拼命夺过来的。好不容易坐稳了江山，打造出大好盛世，他最怕皇子和大臣勾结，"青出于蓝而胜于蓝"，用同样的方式推翻他。李林甫虽然贪恋相权，但他对唐玄宗一直非常忠诚。唐玄宗老谋深算，让李林甫和太子、大臣们相互制衡。只要李林甫不威胁到他，唐玄宗也就睁一只眼闭一只眼，放心去享受生活了。很多皇帝不方便出面的"脏活儿"，擅长察言观色的李林甫，就都给办了。在外人看来，这个黑锅李林甫不背还有谁背？

李林甫呢，他很清楚，自己树敌太多，将来不会有好下场。在当时动不动就你死我活的官场，他的冷酷无情，也算是自保的必然之举。这种品行恶劣、玩弄权术的大臣，在宋朝是非常受鄙视的。正因如此，后来的史官才会抹去李林甫的功绩，把他写成历史的罪人。

总之，李林甫是个有能力的宰相，在当时也做出了不少贡献，但他阴狠毒辣、玩弄权术，不仅让政坛阴云密布，也为安史之乱埋下了祸根。

不过，把发生"安史之乱"的所有责任都推到他身上，就不太公平了。

第五章

病急乱投医

唐玄宗天宝十一载（752）
——唐玄宗天宝十四载（755）

千里兵车行

杜甫已经四十多岁了。

过去这十几年,杜甫除了在外面游玩,就是在拼命追逐功名。他根本没空,也没心思结婚。现在,杜甫好歹有了张延期支付的"支票",再熬三年,就有官做了。而且,这次献三大礼赋,朝廷怎么说也帮他把名气散播出去了,没少让他出风头。杜甫虽然岁数大了点,但来帮他说亲的媒人不少。再不成家,更待何时?

杜甫没在自己的诗里提到自己到底什么时候结的婚。不过,正是在苦等官员选拔考试的这几年,他的诗里才第一次有了妻子和儿女的身影。不先成就一番事业,就不考虑儿女情长的事。杜甫想为家人创造好一些的环境,这种精神值得钦佩。

家人在洛阳,事业在长安。有了牵挂,杜甫就更累了,得在长安、洛阳两头跑。一边是新婚妻子和年幼的娃娃需要照顾,另一边,他也不能干等着官员替补席啊!为了实现自己的抱负,让家人过上更好的生活,杜甫便加倍努力,甚至不得不违心去与权贵结交。他想的是,有了他们的支持,等将来当上官,再想升迁就会容易些。

这一天，长安城外的咸阳桥上，烟尘漫天。

大车一辆接一辆，战马一匹跟着一匹。许多老人呆呆地站在路旁，用袖子捂住脸，失魂落魄，哭得凄惨无比。

他们依依不舍地送别自己家的年轻人。年轻人都垂着头，背着弓箭，默默跟着车马前行。他们紧紧咬住嘴唇，握紧腰间的剑柄，拼命忍着不望向家人的方向，泪水却一滴一滴从瘦削的脸上落下来。

大唐边境有很多胡人势力，他们经常出兵侵扰唐朝，烧杀抢掠唐朝百姓。前些年，大唐士兵英勇战斗，保卫了国家和人民的安全。然而，疆域越来越大，帝王和将领的野心也越来越大。打了胜仗后就能加官晋爵，于是不少边将就故意去挑事儿，打一些没有意义的仗！白白搭进去不少人命和物资不说，还把本来已缓和的两方关系给搞得日益僵化了。

有时候，边将为了能一直有仗可打，就故意不对胡人赶尽杀绝。留敌人一口气，就能一直有仗打，就能一直领朝廷的赏赐。

连年征战，前线血流成河，皇帝在长安却依旧醉生梦死，陶醉在一场场"胜利"之中。中原的年轻人十几岁就辞别故乡，绑上头巾，去遥远的边疆前线战斗。就算命大没有战死，等他们终于回到家乡的时候，曾经的年轻人都成了四五十岁的中年人，父母和亲人也早已不在人世。战争没完没了地打，前线就像绞肉机，绞碎了无数的身躯。青春年少的肉体没了，老迈粗糙的身体也能勉强一用。就算暂时不打仗，占领的新的土地，总得有人开垦出来。于是，老兵们又回到边疆干苦力，直到被榨出最后一滴血汗。

精壮的男人都走了，家乡的庄稼谁来种？村子里没人种田，也就不再有稻谷飘香，而是到处长满了荆棘。老百姓饭都吃不上，哪儿还有钱去交税呢？

人们没有办法，只能一边叹息一边说，生儿子还不如生女儿呢，女儿至少还能平平安安嫁出去，儿子一生下来，就注定会面对死在荒郊野外的结局！

日复一日，少年们在凄惨的哭声中出发，去往边疆的战场。他们穿过阴寒的迷雾和苦雨，大多变成无人收尸的白骨，在沙场上默默等待下一批枉死的士兵。

车辚辚❶，马萧萧❷，行人弓箭各在腰。

耶娘❸妻子走相送，尘埃不见咸阳桥。

牵衣顿足拦道哭，哭声直上干❹云霄。

道旁过者❺问行人，行人但云点行❻频。

或从十五北防河，便至四十西营田。

去时里正❼与裹头，归来头白还戍边。

边庭流血成海水，武皇❽开边意未已。

君不闻汉家山东二百州，千村万落生荆杞。

纵有健妇把锄犁，禾生陇亩无东西。

况复❾秦兵❿耐苦战，被驱不异犬与鸡。

长者⓫虽有问，役夫⓬敢申恨？

且如今年冬，未休关西⓭卒。

---

❶ 辚辚（lín lín）：车子走动的声音。
❷ 萧萧：马的嘶鸣声。
❸ 耶娘：指父母。耶，同"爷"。
❹ 干：冲。
❺ 过者：过路人，这里指杜甫自己。
❻ 点行：按照户籍强行征兵。
❼ 里正：掌管地方户口和纳税的小官。
❽ 武皇：汉武帝刘彻，此处暗指唐玄宗。
❾ 况复：更何况。
❿ 秦兵：关中的士兵，指这次被征调的陕西一带的士兵。
⓫ 长者：同样指杜甫自己。
⓬ 役夫：被征召服役的人。
⓭ 关西：指函谷关以西。

县官急索租，租税从何出？

信知生男恶，反是生女好。

生女犹得嫁比邻，生男埋没随百草。

君不见，青海头❶，古来白骨无人收。

新鬼烦冤旧鬼哭，天阴雨湿声啾啾❷！

——《兵车行》

杜甫当年和高适、李白一起旅行时，就感慨过战争的残酷、边将的贪婪和好大喜功。快十年过去了，情况一点都没变好，人民的苦痛越来越深重。

按理说，各国都有各自的边界，打仗也总该有个限度才对。制止了对方的侵犯，不就好了！为什么要平白无故地增加伤亡，还以此为荣呢？

挽❸弓当挽强❹，用箭当用长。

射人先射马，擒贼先擒王。

杀人亦有限，列国自有疆。

---

❶ 青海头：今青海省青海湖附近。

❷ 啾啾：鸟兽虫的鸣叫声，这里指凄切尖细的声音。

❸ 挽：拉。

❹ 强：强弓，强而有力的弓。

苟能❶制侵陵❷，岂在多杀伤。

——《前出塞九首（其六）》

杜甫这些年处处不顺，本来就挺郁郁不乐的。眼见老百姓的日子越来越苦，他渐渐有了一个越是细想就越让人感到恐惧的疑问——他一向敬重的皇帝陛下，为什么看不到这些残酷的景象呢？难道，正是唐玄宗的意思，才……

杜甫不敢再想下去了，这事可经不起细琢磨啊！再这么胡思乱想下去，不仅是对皇帝的大不敬，连一直支撑着自己前行的信念也要瓦解了。

天宝十一载（752）秋天，杜甫在长安和高适重逢了。

阔别已久，高适这位老兄都快五十岁了。之前，穷苦奔波了半辈子的高适，总算有人推荐他去考试，通过考试后当了个封丘❸县尉❹。

然而，高适的这份工作又累又没前途，根本实现不了他的远大理想不说，还要整天看长官脸色、责打百姓。

于是，他毅然"裸辞"，来到长安找机会。就在这年秋天，战功赫赫的边将哥舒翰得到皇帝的封赏。高适听说这件事，立马找到哥

---

❶ 苟能：如果能。
❷ 侵陵：侵犯和欺凌。
❸ 封丘：今河南省新乡市一带。
❹ 县尉：县令的辅佐官，主要负责治安和捕盗。

舒翰的判官，请他推荐自己去哥舒翰那里从军。得到推荐后，高适奔赴千里之外的西北边塞，连跑了好几座城池，才终于见到哥舒翰。

哥舒翰一眼就相中了高适，让他给自己当机要秘书，负责记录军中重要的事情。

这年年底，杜甫又在长安见到了高适。几个月不见，高适已经今非昔比，跟随哥舒翰回朝领赏了。

看到旌旗飘飘❶的节度使队伍，杜甫的心情很复杂。一方面，他还是不满这些边将到处惹事，让百姓受苦；另一方面，老友高适终于得到名将的肯定，有了似乎挺美好的前途，杜甫还是很为他高兴的。

白丝入染缸

时光荏苒，不觉已是天宝十二载（753）。

彼时，一代权相李林甫已病死了，接替他做右相的，是杨国忠。

---

❶ 旌旗飘飘：旗帜飘扬的样子。

杨国忠是杨贵妃的族兄，算是比较远的亲戚。他从小跟泼皮无赖一样，整天"混社会"。然而，靠着英俊帅气的形象和聪明伶俐的头脑，这家伙一路行大运，竟然成了唐玄宗眼前的大红人。

杨国忠吃喝玩乐无所不通，加上他很会算账，能满足唐玄宗声色犬马的需要，所以很讨唐玄宗的欢心。这些年，朝廷花了太多钱，国库越来越空虚，正好让杨国忠发挥本领，狠命搜刮民脂民膏。

李林甫在位的时候，杨国忠拼命巴结他，二人联手对付政敌。等势力大了，杨国忠就打起了李林甫的主意，誓要取代这位权倾朝野的宰相。二人明里暗里交锋过很多次，搅得朝局乌烟瘴气。现在，杨国忠总算小人得志了。

杜甫很清楚，杨国忠得到宰相之位后，杨家权势就更不得了了。这家伙有李林甫的狠毒和奸诈，却没有他的原则和底线意识。杨国忠要是想迫害人，连伪君子都不屑于当，随便扯个理由就行。朝廷在他手里，不知道要黑暗成什么样子！

然而，杜甫根本做不了什么。这荒唐的世道，不是他这个连芝麻官都没得做的小人物能改变的。杜甫深深鄙视着杨国忠一伙人，但为了前途，他没法子，又不得不躬着腰去巴结他们。

杜甫要等三年才能当官，他无力改变现状，只能跟朝廷重臣们搞好关系，以期能够早日施展抱负。

杨国忠有个亲信叫鲜于仲通，当年，正是他接济了杨国忠，还推荐他去长安结交杨家。杨国忠没忘了这位贵人，也想把重要的活儿交到自己人手里，就让鲜于仲通当了剑南节度使，掌管四川地区的军政。

然而，鲜于仲通文章写得不错，打仗却太不靠谱了。南诏国被逼"造反"，他带着数万精兵去攻打，却被打得屁滚尿流，几乎全军覆没。这么大的事，杨国忠直接就给压了下来，还说鲜于仲通打了大胜仗，应该封赏。

就这样，鲜于仲通来到杨国忠身边当了京兆尹，相当于当时首都长安的市长。

鲜于仲通上任后，便开始招兵买马了。杜甫看到机会，便给鲜于仲通寄了首长诗，以期得到他的器重。

杜甫说：您看国家这么多人，其实没几个真正有才华的。您才气纵横，人又爽快豪迈。家里的公子个个都是人才俊杰，麾下的宾客也是群贤毕至。您啊，必定在官场上乘风破浪、一往无前！

李林甫倒台了，杜甫也赶紧表决心，站到杨国忠一边，说李林甫嫉贤妒能，用尽了阴谋诡计，害得他无法施展才华，实现不了抱负！

杜甫从一个清高少年沦落到现在的样子，真是让人唏嘘。

然而，他这样阿谀奉承，就能得到想要的东西吗？

在那个讲究互惠互利的官场，纯粹无私的帮助实在太难得了。杜甫一味向鲜于仲通乞求恩惠，却给不了对方实实在在的好处，对方凭什么帮你呢?

更何况,在那风雨欲来的时节,不管直脖子树还是歪脖子树,没有哪棵能够独善其身。没过多久,杨国忠就抛弃了鲜于仲通,把他贬出京城。

到头来,之前说好的官员选拔呢?选拔的都是杨国忠内定的自己人! ❶

杜甫这样作践自己,他又何尝不痛苦呢?

没有背景的才士们就像蚕丝,本来都是晶莹洁白的,也格外珍惜自己的才华和品格。然而,为了织成锦绣丝绸,漂漂亮亮地"实现自身的价值"——蚕丝就不得不染上各种颜色,失去原本的纯净。

只是,当丝线化为华美新衣的时候,距离被抛弃的日子也就不远了。

再好的衣服,总有些主人不知珍惜,穿着跳过一两场舞,就嫌它们沾了灰尘,随手丢到角落里去了。

李白说过"天生我材必有用",好像才华总会有用武之地一样。确实,正是因为有了"蚕丝"的资质,杜甫这样的文人才不甘平庸,总想成就一番事业。

然而,在当时污浊的社会中,名利场就是一个大染缸。杜甫为了走捷径,只能忍痛把自己染成权贵喜欢的颜色,任凭他们操纵。

---

❶ 参见《奉赠鲜于京兆二十韵》。

然而，就算这样做能换来一时的荣耀，终究也不过是别人可以随手抛弃的玩物罢了。

春日丽人行

杜甫有一件比才华更宝贵的东西——良心。

为了功名，杜甫虽然一时舍弃了尊严，却始终没有丢掉他黄金般高贵的灵魂。

眼看着杨家人嚣张跋扈，杜甫终究咽不下这口气。他一边歌颂杨国忠，一边又忍不住写诗，暗暗讽刺杨家权贵。

除了杨贵妃，杨家还有几位受宠的姐妹。杨家的大姐被封为韩国夫人，三姐被封为虢国夫人，八姐被封为秦国夫人。这三位佳丽权势滔天，平时随便出趟门，所带的人马和车辆都很多。她们的衣服和首饰极尽奢华，比起皇后都差不了多少！

三月阳春时节，杨家姐妹和一帮亲朋在曲江河边郊游赏春。她们的鬓角上插着翡翠头饰，绫罗衣裳上满是用金银线绣成的孔雀和麒麟。在顶级乐队婉转动人的鼓乐声中，在座的达官贵人们举起酒杯，共庆这一年中最美的时节。

其中,有一位姓杨的大人姗姗来迟。他还没下车呢,脚下就铺好了锦绣地毯,一路延伸到宴会上最尊贵的席位。

这位大人是谁,想必不用多说了吧!

用餐时间到了。皇帝的厨师用最奢侈、珍贵的食材精心烹饪,仔细摆好造型,再用昂贵的水晶盘端到宾客面前。然而,这些贵人一直漫不经心地晃着用犀角做的筷子,迟迟不享用美食。看来,这些菜都这么名贵了,还是不合他们胃口。

这下可好,厨师们白忙活一场不说,他们做的山珍海味最后也都丢掉喂狗了。

为了让这帮姑娘老爷开心,一批又一批美食,由宦官快马加鞭,从皇宫厨房里急送过来。这些宦官赶路的时候,还得格外小心,生怕走得急了,马蹄扬起灰尘来,败了各位贵人们的兴致!

三月三日天气新,长安水边多丽人。
态浓❶意远❷淑且真,肌理细腻骨肉匀。
绣罗衣裳照暮春,蹙金❸孔雀银麒麟。
头上何所有?翠微盍叶❹垂鬓唇。

---

❶ 态浓:姿态凝重的样子。
❷ 意远:神情文静的样子。
❸ 蹙(cù)金:一种用金线刺绣的方法。
❹ 盍(hé)叶:彩色的花叶,指一种女子的头饰。

背后何所见？珠压腰衱❶稳称身。

就中云幕椒房❷亲，赐名大国虢与秦。

紫驼之峰出翠釜❸，水精❹之盘行素鳞❺。

犀箸厌饫❻久未下，鸾刀❼缕切❽空纷纶❾。

黄门❿飞鞚⓫不动尘，御厨络绎⓬送八珍。

箫鼓哀吟感鬼神，宾从杂遝⓭实要津⓮。

后来鞍马何逡巡⓯，当轩下马入锦茵⓰。

杨花雪落覆白𬞟⓱，青鸟飞去衔红巾⓲。

---

❶ 腰衱（jié）：指裙带。
❷ 椒房：指妃子们住的宫殿。
❸ 釜（fǔ）：古代的厨具，跟现代的锅类似。
❹ 水精：指水晶。
❺ 素鳞：指白色的鱼。
❻ 厌饫（yù）：吃饱，吃腻。
❼ 鸾刀：系有铃铛的刀，一般是古代祭祀的时候宰牲用的。这里比喻极其高档的厨刀。
❽ 缕切：细细地切割。
❾ 纷纶：繁多，众多。这一句指厨师们费了半天劲，白忙活一场。
❿ 黄门：此处指宦官、太监。当时，唐玄宗任命宦官姚思艺为"检校进食使"，负责贵人的餐食。
⓫ 飞鞚（kòng）：指策马飞驰。
⓬ 络绎：连续不断的样子。
⓭ 杂遝（tà）：亦作"杂沓"，杂乱又众多的样子。
⓮ 要津：显要的官职，此处指杨国忠兄妹。
⓯ 逡（qūn）巡：缓缓移动、徘徊的样子。
⓰ 锦茵：锦制的垫子，指杨国忠下马前垫在他脚下的地毯。
⓱ 雪落：像雪一样掉落。白𬞟，指水中的浮草，和杨花是差不多的东西。
⓲ 青鸟飞去衔红巾：传说中西王母有三青鸟，可以飞来飞去报信。红巾，妇女的手帕。

> 炙手可热❶势绝伦,慎莫近前丞相嗔❷!
>
> ——《丽人行》

　　杜甫这人可真是太矛盾了:看到杨家人做的荒唐事,他忍不住写诗讽刺一番;可一到关键时候,他还得拼命把杨国忠夸出花来。

　　为了不被皇帝和百官遗忘,杜甫想起了老办法。他又往延恩匦里投了两次赋,希望能有上次那样的好运气。

　　然而,上次可是凑齐了天时、地利、人和,唐玄宗恰好想大张旗鼓地宣传,才让杜甫拿了个官员替补。现在,唐玄宗和杨国忠根本不需要找人帮他们做事。杜甫再怎么卖力,也只是让自己徒增失望而已。

风雨醉时歌

　　杜甫求官之路再怎么不顺利,也没有把家人丢在一边,做甩手掌柜。

---

❶ 炙手可热:手一靠近就觉得热,比喻权势滔天、气焰极盛。此句是成语"炙手可热"的出处。

❷ 嗔(chēn):生气、责怪。

天宝十三载（754）春天，杜甫的妻儿已被杜甫从洛阳接到了长安，住在城南的下杜城❶。杜甫本来是想把家人接到身边，好好照顾他们的，可没想到，这两年气候特别不好，冬天和春天闹旱灾，秋天又闹雨灾，本来是收获的季节，谷物却都泡烂在地里，眼看着要闹饥荒了。

古代交通运输不便，长安又没有多少耕地，一直都挺缺粮食，需要从别处运粮过来。如今闹天灾，京城物价顿时飞涨。

灾情这么严重了，杨国忠居然还隐瞒不报，骗唐玄宗说"今年大丰收"。等唐玄宗好不容易明白过来，知道了真相，便赶紧让官员打开京城的粮仓，放出一批米来当救济粮。然而，贪官污吏那么多，还有奸商趁火打劫，这批米真正到了百姓那儿，就没剩多少了。

为了有口饭吃，不少人把被子都拿去换米了！

杜甫身为一家之主，却无法供养这个家，别提有多憋屈了。他和妻子扒拉着家里快见底的米缸，满面愁容。儿子天真烂漫，啥都不操心，还在风雨里快乐地跑来跑去，"吧唧吧唧"地踩水玩儿。

自从入了秋，这天空就没晴过。

杜甫心情苦涩，实在不想待在家里生闷气，就去找好朋友郑虔❷和苏预喝酒，想借酒消愁。

---

❶ 下杜城：今陕西省西安市雁塔区杜城村一带。
❷ 郑虔（qián）：唐朝官员、文学家、书法家、画家、医学家，是杜甫最好的朋友之一。郑虔的诗、书、画都很厉害，被唐玄宗称为"郑虔三绝"。

杜甫的酒友郑虔也是位杰出的人才。他博学多识，在诗歌、书法和绘画方面也都极有建树。郑虔二十岁就中了进士，后来却惹祸上身，从此做官就不顺了。

苏预就是当年和杜甫同游齐赵的那位老大哥，官运倒还不错。杜甫和郑虔穷得叮当响，苏预就经常拿点酒钱过来，三个人一块喝酒。他们都是性情中人，一边喝酒，一边自嘲，一肚子牢骚得到宣泄，让他们暂时忘记了这艰难人生的种种不快。

如今，无才又无德的小人轻轻松松就能飞黄腾达，品行高尚的人反而日子过得很辛苦。唉，哪怕死了以后能名垂千古，又有什么用呢？不管是孔子这样的圣贤，还是盗跖[1]这样的贼人，最后都是一个下场——尘归尘、土归土，不如"今朝有酒今朝醉"，暂时忘记悲伤，喝个痛快吧！不过牢骚归牢骚，酒醒之后他们三人还是忧国忧民，为了自己的理想而不断地奋斗。[2]

杜甫又硬撑了一段时间，终于清醒过来，明白继续投延恩匦只是在浪费时间。这时候，他突然想到了一条自己以前一直不以为然的路——从军。

皇帝这边没什么指望，不是还有边疆吗？人家高适正跟着哥舒翰打仗呢，另一位诗人朋友岑参[3]，也去投奔安西节度使封常清了。事

---

[1] 盗跖（zhí）：春秋时期鲁国人，贤臣柳下惠的弟弟，相传是奴隶起义军的领袖。
[2] 参见《秋雨叹三首》《醉时歌》《戏简郑广文虔兼呈苏司业源明》。
[3] 岑参：唐朝著名诗人，和高适并称为"高岑"。

到如今，还能挑三拣四吗？全天下都是大唐的土地，在哪儿不是给朝廷做贡献呢？与其在长安巴结杨国忠，还不如投奔执掌一方的节度使呢！

哥舒翰的判官田梁丘刚好现在就在京城，当年就是他推荐的高适。杜甫赶紧写了首歌颂哥舒翰的诗，顺带着又诉了诉苦，委托田梁丘把这首诗带回去。

灾情还在继续。

物价飞涨，杜甫实在养不起一家人了。孩子们年纪太小，饿得皮包骨头，整天哭闹个没完，他头痛得要炸了。实在没法待在长安，杜甫只好带着家人去了奉先❶投奔当地的朋友，暂时住在官家宿舍里。

如果杜甫只是一个人生活，条件艰苦一点，也就忍了，实在不行，索性放弃一切，四海为家呗！然而，杜甫的生命现在不只属于自己，还属于妻子和儿女，好几张嘴要靠他养活啊！比起单身的时候，杜甫的压力又大了好几倍。

好几座大山一块儿压过来，杜甫真的要喘不过气来了。

天宝十四载（755），杜甫独自回到了长安。

前一年秋天，杨国忠踢走了庸碌无能的左相❷陈希烈，让韦见素

---

❶ 奉先：今陕西省渭南市蒲城县一带。

❷ 左相：唐玄宗天宝年间，将门下省的长官"侍中"改为"左相"，中书省的长官"中书令"改为"右相"。左相和右相虽然都算宰相，但右相的权势一般都大一些。

上来当宰相。杜甫又给韦见素写了一首非常露骨的赞美诗，顺带着鄙视了一下陈希烈。不得不说，这一时期的杜甫，为了生计，为了家人，已经把身段放得越来越低，几乎都要匍匐到人家脚下去了！

苦等三年半，这年秋天，杜甫终于等到了官员选拔考试。

吏部要看看考生长相如何、口才怎么样、字写得好不好看、判决案子公不公道，最后再给考生分配官位。

当时实行"三注三唱"制度，吏部官员会根据考试结果，分配给考生一个合适的官职。如果考生觉得不合适，或者百姓们对考生有不同的意见，吏部就给他换一种工作，即考生有三次更换工作的机会。

吏部第一次跟杜甫沟通，是想让他去当河西县尉，去陕西韩城那边主管治安。然而，好友高适干过这活儿啊，早就跟杜甫控诉过这份工作有多惨无人道了：县尉的活儿又多又杂，整天盯着犯了错的老百姓不说，甚至要上鞭子责罚他们！任何有良知的人，这县尉都不会做得舒心。

杜甫看着老百姓受苦就难受，怎么可能再去为难他们呢？况且，他四十四岁了，没法再像年轻人一样从底层做起，一步步攀到高的位置。杜甫为了官位折腾这么多年，丢尽颜面，已经很累了。他只求能在长安待着，哪怕官位小一点也行。

幸好，吏部还算尊重杜甫的愿望，给他换了份工作——去太子的仪仗队当个小官——右卫率府胄曹参军，主要负责管理仪仗队的装备器物。

这个职位挺体面的，比较清闲，薪俸也不错，足够养活家人。杜甫虽然还是不太满意，但也勉勉强强接受了。比起管理杂务，他还是想去皇上身边，好有机会直言进谏、施展抱负。❶

杜甫736年年初考进士，755年年底才做了个芝麻官，折腾了将近二十年，总算给自己和家人有了个交代。

一年没见家人，也该回去看看了。

朱门酒肉臭

杜甫十月入职，才干了一个月，他就请假，回奉先探望妻儿。

一年就要过去，又到了万物凋零的季节。这一年，长安的冬天很冷，凛冽的风似乎能把山脊都吹裂开来，漆黑的云如同高耸的山峰一样压在头顶。

大半夜的，长安城的大街上空空荡荡的。这个时候出门，纯粹是找罪受。然而，杜甫却在此时只身一人踏上了旅程。

---

❶ 参见《官定后戏赠》。

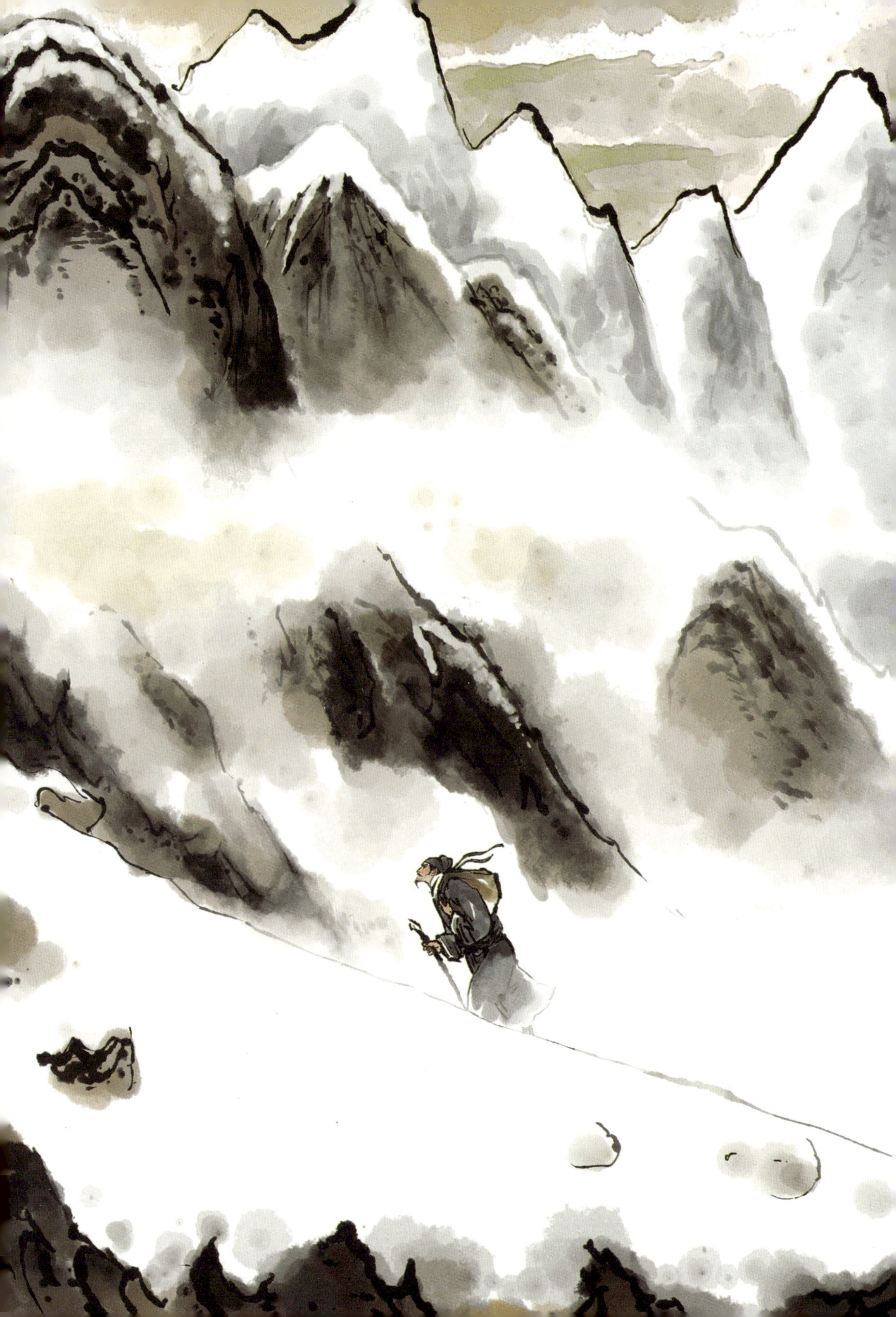

天太冷，呼出的气很快就结了霜。衣服又破又旧，衣带忽然断了，杜甫刚想把衣带扎起来，才发现手指头早已冻僵，合都合不拢。

杜甫走了一整夜，天蒙蒙亮的时候，到了骊山[1]脚下。

漫天大雾中，杜甫吃力地走在被冰覆盖的山路上。他战战兢兢，生怕脚下一滑，踩空摔下山谷。他冻得恍恍惚惚，只能盯着眼前那一尺雪地，咬牙坚持着向前挪动。皇帝度假的行宫——华清宫就在这骊山旁。只可惜，杜甫这样官职低微的人，哪有资格享受里面的皇家温泉呢？

山路上雾气弥漫，冰寒彻骨；温泉上同样也罩着水雾，却温暖宜人。可惜啊，能享受华清池的，不是皇亲国戚，就是受宠的贵人。这些大人物在里头载歌载舞，皇帝随便挥挥手，一匹匹精美的布料就像泉水一样流出来，赏给这些受宠的官员。皇帝指望这帮人能多多效忠于他，丝毫没有考虑他赏赐的那些财物，都是从老百姓身上榨取的。

外头天寒地冻，多的是连根木炭都买不起的穷人。而在富贵人家那一扇扇朱红色的大门里头，却整天都烧着火炉，温暖如春。外面是充满苦痛的现实生活，深宅大院里却像是与世隔绝的仙境，没有一丝烦恼。无数宾客在里面逍遥自在、夜夜笙歌，过着神仙般的生活，尽情享受人间至乐。

餐桌上，普通人听都没听说过的山珍海味，就像从天上掉下来的

---

[1] 骊山：秦岭山脉的一个支脉，在陕西省西安市临潼区城南。

一样，被源源不断地送到宾客面前。然而，有的美食只是上来亮一下相，客人一筷子都没动过，就匆匆让位给下一道菜了。

后厨里，从天涯海角搜罗来的奢华食材齐聚一堂，而那些食材变成美食，也只是在酒席上亮了一下相，便成了剩菜，再也无人问津。这些富贵人家浪费的酒食堆了太久，都发酸发臭了，而这外头的路上，还有那么多饿死、冻死的苦命人呢！

> 劝客驼蹄羹❶，霜橙压香橘。
> 朱门酒肉臭，路有冻死骨。
> ——《自京赴奉先县咏怀五百字》

杜甫终于赶回了奉先。他远远地听见家那边传来断断续续的哭声，心头顿时一紧，赶紧大步流星冲进家门。

邻居们纷纷抹着眼泪，为杜甫让出一条道来。

他的小儿子，刚刚饿死。

杜甫惊得说不出话来。山崩海啸一样的愧疚，一口吞掉了他归家的喜悦。这一瞬间，他在脑海里飞速回顾了自己的前半生，想不通自己到底犯了什么错，老天爷竟给了他这样坎坷的命运。四十多岁的人了，作为一个官员，杜甫初出茅庐，籍籍无闻；而作为一个父亲呢？

---

❶ 驼蹄羹：骆驼的蹄子制成的羹，是当时贵族们喜爱的美食。

他连保护自己的孩子都做不到!

然而,杜甫并没有一直沉浸在自己的悲痛中,埋葬了小儿子之后,他睁大双眼,望向远方,那里有更加凄惨的哭声传来。

这就是杜甫的伟大之处——他不会困在自身的不幸里出不来,变得麻木不仁,只知道大声诅咒这个世界。他有着圣人一样的同理心,在难过的时候,他会想到全天下比他还要苦命百倍的人们,为他们的痛苦而感到痛苦。

杜甫好歹还是官员,不像普通老百姓那样,又得服兵役,又得交税。连他都惨成这副样子,那些失去家园和亲人的可怜百姓,又是怎么苟活下来的呢?

彼时,安禄山已在范阳起兵反叛,但消息尚未传到长安。杜甫刚回到奉先,他还不知道,一场比苛政和饥荒更无情和可怕的滔天灾祸,已从北方席卷而来。

表面一片繁荣昌盛,实则民不聊生的大唐王朝,就要遭遇一场浩劫了!

诗词赏析

醉时歌

诸公衮衮❶登台省，广文先生❷官独冷。
甲第纷纷厌粱肉，广文先生饭不足。
先生有道出羲皇，先生有才过屈宋。
德尊一代常坎坷，名垂万古知何用！
杜陵野客人更嗤，被褐短窄鬓如丝。
日籴❸太仓五升米，时赴郑老同襟期❹。
得钱即相觅，沽酒不复疑。
忘形到尔汝，痛饮真吾师。
清夜沉沉动春酌，灯前细雨簷花❺落。
但觉高歌有鬼神，焉知饿死填沟壑。
相如逸才亲涤器，子云❻识字终投阁。
先生早赋归去来❼，石田茅屋荒苍苔。
儒术于我何有哉，孔丘盗跖❽俱尘埃。
不须闻此意惨怆，生前相遇且衔杯！

注释

① 衮（gǔn）衮：众多且显赫，讽刺高官扎堆。
② 广文先生：指郑虔，时任冷门闲职广文馆博士。
③ 籴（dí）：买粮。
④ 同襟期：志趣相投。
⑤ 檐花：屋檐边的花；或指雨滴如花。
⑥ 子云：扬雄，西汉学者，曾从阁楼上跳下，差点丧命。
⑦ 归去来：陶渊明《归去来兮辞》，劝郑虔弃官归隐。
⑧ 盗跖（zhí）：传说中的大盗，与孔子对比，表达愤世嫉俗。

译文

满朝高官显贵耀武扬威，唯独郑虔先生守着冷板凳受罪。豪门大户吃腻了精米肥肉，郑虔先生却连饭都难以吃饱！先生品德可比伏羲般高洁，才华远超屈原宋玉千百倍。德行再高一生坎坷又如何？名垂青史到头来有啥滋味！我这杜陵野老更被人讥笑，整日穿着粗布短衣两鬓斑白。每天排队买五升官仓陈米，偶尔找郑老喝酒倾吐苦水。得了钱就立马跑去寻他，买酒痛饮绝不迟疑后悔。醉后不分你我勾肩搭背，狂喝滥饮才是人生真谛！春夜里对饮闷酒到深沉，灯下细雨打湿檐边花蕊。放声高歌似有鬼神应和，谁知会不会最终饿死在荒沟内？司马相如才高还得洗碗为生，扬雄识字反落得跳楼求生。先生啊，不如趁早辞官归隐，可茅屋石田早被青苔荒废！儒家学问对我有啥用场？孔子盗跖死后一样成灰！别听这些丧气话徒增伤感，活着相遇就干杯醉他千回！

安史之乱为何会爆发?

安史之乱为什么会爆发?

换句话说,安禄山怎么就造反了?

很多专家都研究过这个问题,也提出了不少观点。综合各种看法,我们其实可以把原因归结为两个方面:

第一,安禄山为什么想造反?

安禄山早有谋反的心,但没想这么快就动手。他选择这个时间点起兵,最主要的原因,还是因为杨国忠威胁到了自己,让他觉得自己将性命不保。

李林甫活着的时候,安禄山对李林甫服服帖帖,和他站在一边。杨国忠呢,为了扳倒李林甫,就在唐玄宗的默许下,积极培养自己这一派的军事力量。

杨国忠先是让鲜于仲通当剑南节度使,没想到,烂泥扶不上墙,鲜于仲通竟然被南诏国揍趴下了。于是,杨国忠就与另一位实力雄厚的节度使——哥舒翰搭上了关系。哥舒翰掌管西北方的陇右和河西，安禄山则掌管东北方的范阳、平卢和河东，两个人手下都有十多万士兵，加起来占全国兵力的三分之二那么多！

就这样，李林甫和安禄山是一派，杨国忠和哥舒翰是一派，两派人马互相制衡。等到李林甫病死，杨国忠独掌大权，这个势力的平衡就被打破了。

杨国忠火速铲除朝廷里李林甫的人，然后就将矛头指向了安禄山。他不但反复跟唐玄宗说安禄山有造反之心，还私自抄了安禄山在长安的家。没找到安禄山谋反的证据，杨国忠就抓走了安禄山的门客，将他们严刑拷打至死。这样一来，京城再也没人能及时给安禄山报信了。安禄山不清楚皇上对自己的态度，能不慌吗？

唐玄宗实在对杨国忠没办法，也确实对安禄山起了疑心，就叫安禄山来京城。安禄山横下心来了京城，跟皇帝哭诉，说杨国忠要害他。唐玄宗一方面安抚安禄山，说相信他不会造反，另一方面却只是查办了负责抄他家的京兆尹，并没怪罪杨国忠。这种睁一只眼闭一只眼的态度，让安禄山觉得，连皇帝都不想保他了！

于是，安禄山回去以后，唐玄宗好几次再邀请他来长安，安禄山都找借口不去。他不想再坐以待毙了，便决定提前造反。

第二，安禄山为什么能造反？

光是想造反还不够，安禄山得有强大的实力，才能跟大唐掰手腕。

安禄山确实有这个能耐。作为三镇节度使，他手握天下三分之一的兵力，且都是精兵强将。

而安禄山的对手大多是些没怎么打过仗的皇帝的禁卫军和地方军队，装备和作战经验同安禄山的军队相比都差得远，根本不堪一击。至于其他节度使的军队，都驻扎在边境上，短时间内也赶不回中原。

除了三镇节度使，安禄山还担任别的官职，这让他可以从奚、契丹等北方部落调拨军队，为他助战。安禄山还挑选了许多好马，建立了一支强大的骑兵。

不过，安禄山开战之前，也不一定做了充分的准备。他可能只想割据一方，当个"土皇帝"就好。吞并整个大唐的国土，安禄山不见得有这个野心和能力。再加上在冬天开战，万一战事不利，他军队的粮草都是个问题。他只能赌一把，打算边打边抢粮草，尽快攻下洛阳，实在不行，就退回老巢。

况且，安禄山自己也知道，他实际能调用的兵力并没有那么多。起兵后，他手下三镇的士兵只有范阳的军队跟随他，平卢和河东的大多数士兵都没有听他号令，反而在他叛乱后纷纷起义，响应朝廷的号召，反抗他。

安禄山的身体也不争气。造反的时候他的身体已经很差了，因为肥胖，他很可能得了糖尿病，身上到处都是烂疮，后来还失明了。安禄山这样一副身体，要不是担心很快就要被朝廷处死，确实也不太可能豁出去起兵作乱。

因此，安禄山造反，很大程度上是被杨国忠逼出来的。而在杨国忠的身后，对这件事推波助澜的，则是自以为可以掌控全局、想趁机打压安禄山一派势力的唐玄宗。至于这场战争为什么持续那么久，闹得那么大，原因很多，可以再去专门探讨。

当然，不管安禄山起兵的缘由为何，他都是历史的罪人，因为他给当时的国家和人民带来了无法挽回的灾难。

不过，也正如许多人所说的，安史之乱是唐朝长期以来积累的种种矛盾集中爆发的结果。大唐繁荣昌盛的泡沫下面，掩藏着太多的苦难和哭声。

安禄山呢，他只是率先戳破泡沫，顺带着掀翻了整个牌桌的人罢了。

第六章

国破山河在

唐玄宗天宝十五载（756）
——唐肃宗至德二载（757）夏

兵败如山倒

安禄山,造反了!

唐玄宗可不是一次两次听到这个"惊天大新闻"了。

李林甫去世以后,杨国忠就跟安禄山较起劲来。他整天高喊"狼来了",说安禄山要造反,听得唐玄宗耳朵都起茧子了。

这不,天宝十四载(755)的冬天,又传来安禄山造反的消息。皇帝也就哼了一声,没太当回事。

一年前,唐玄宗还真有点儿怀疑安禄山了,便喊他来京城觐见。杨国忠拍着胸脯说,这家伙心里有鬼,绝对不敢来。

然而,安禄山还真的来了!他一把鼻涕一把泪,哭诉杨国忠存心陷害他。唐玄宗信了他的话,放他走了。这下好了,安禄山跑掉以后,唐玄宗再怎么叫他来长安,他都找借口不来了。

这次啊,八成还是杨国忠这个小心眼儿在搞鬼!

唐玄宗不以为然,还以为一切尽在掌握,就优哉游哉地到华清宫泡温泉去了。然而,没过几天,北方前线传来的那一道道急报,终于击碎了唐玄宗那颗顽固又自负的心——安禄山确实以"清君侧"为借口起兵，声称要为唐玄宗除掉奸臣杨国忠。

安禄山那大肚子里藏着什么狼子野心，谁都看得清清楚楚。

皇帝终于从酒色犬马中清醒过来，面对他最不愿意相信的事实——他一向宠爱有加的安禄山，真的成了自己的敌人！

要知道，安禄山可不是什么无足轻重的小角色。早年间，唐玄宗为了巩固边疆，设立了九个节度使和一个经略使，让他们各自率领部队镇守藩镇。安禄山慢慢获取了唐玄宗的信任，一人身兼平卢、范阳和河东三大节度使，手下差不多有二十万大军。也就是说，全国三分之一的兵力，如今竟然都落在了皇帝敌人的手里！

大难临头，杨国忠倒是挺乐观的，甚至有点儿"事后诸葛亮"的味道："陛下，您看我说什么来着？安禄山早就想造反了！不过您啊，放一万个心。安禄山想造反，他手下的将士们可不愿意。过不了几天，他的脑袋一定会被送到您的手上！"

然而这一回，安禄山真打了唐朝一个措手不及。

大唐军队的主力分散在各个边疆地区，一时半会儿根本赶不回来救援。中原地区又和平太久，士兵的士气和装备都烂到家了。而安禄山的军队呢？他们装备精良，又训练有素，根本不是唐朝临时招募的新兵能对付得了的。

所以，安禄山一旦兵临城下，中原的守将不是直接投降，就是在仓促应战中被杀得片甲不留。

才不过一个月，叛军就攻下了洛阳，把繁华的东都洗劫一空。他们要是再往北，一旦攻下潼关，长安城就唾手可得了。

按道理说，唐朝虽然兵力空虚、内忧外患，但开元盛世的底子还是在的。安禄山号称拥有二十万大军，其实手下也就十多万人。叛军刚开始连战连胜，很大程度上是因为朝廷的主力部队还没赶到。唐朝只要守住潼关，把安禄山卡在长安东边，等其他节度使的精兵一到，再加上各路忠君爱国的人士从后方夹击，这看似疾风骤雨的安史之乱，要想平定那是指日可待了。

而且，别看安禄山来势汹汹，唐玄宗可还有好几位足以与之对抗的传奇老将呢。若是高仙芝和封常清带领精兵，调整好状态全力出击，安禄山还真不一定能占到便宜。

可问题是，在这紧要关头，唐玄宗却接连犯下好几个致命错误，把长安拱手送给了安禄山。

封常清虽然厉害，但他的士兵都是匆匆忙忙招募来的，无组织、无经验，更没有什么战斗力，根本抵挡不了叛军。这仗实在没法打，封常清只好放弃洛阳，和高仙芝一起退到潼关，想靠死守来拖延时间，消耗敌人的力量。

然而在这个节骨眼上，唐玄宗却不信任老将，反而听信宦官谗言，认为这两位将军根本没心思打仗，临阵怯战，还趁着这个时候贪污受贿。

唐玄宗年纪越大，疑心病就越重。而且眼下，连他最宠信的安禄山都能造反，哪个将军不能反呢？想到这里，唐玄宗直接派那个进谗言的宦官前往潼关，当着士兵们的面，处死了这两位忠心耿耿的名将。

皇帝一拍脑门就杀了两员大将，那谁来守潼关呢？

除了高适投奔的那位哥舒翰，好像也没别人了。

可哥舒翰的状态也很差，他之前生了重病，动都动不了，正在家里躺着呢。皇上一声令下，硬是把他从床上拽起来，重新披挂上战场。

到了潼关，哥舒翰同样选择死守。这几个月来，安禄山虽然连战连胜，自立为皇帝，但他完全不会治理国家，到处烧杀掳掠，不得民心。于是，在安禄山的大后方，原本屈服了的臣子们又陆陆续续起兵反抗，叛军损失不小。这样一来，安禄山往西过不了潼关，其他方向也受到义军攻击，一时间有些骑虎难下。

然而，在战局开始利于朝廷时，杨国忠和哥舒翰又斗了起来。

形势如此混乱，杨国忠却担心哥舒翰会趁机杀他，于是跑去跟唐玄宗说小话，硬要哥舒翰出潼关跟叛军开战。哥舒翰再有智谋，接到一道道令他出战的圣旨，也只能无奈悲愤地率军出了潼关。

结果，哥舒翰中了埋伏，勉强逃回潼关后，他手下的二十万大军只剩下八千人。最后，他竟然被部下抓住，押去洛阳见安禄山了。

潼关落入叛军之手，长安没了最后一道防线。

唐玄宗不得不带着杨贵妃、杨国忠和一小拨人，偷偷溜出长安，打算逃去成都避难。

皇帝都逃了，长安也就彻底陷落了。

走到长安西边的马嵬驿❶，皇帝和皇子们又饿又累，这时大将军陈玄礼突然发动兵变，杀了杨国忠，又逼着皇帝赐死了杨贵妃。少数几个杨家人想趁乱逃走，也都被杀。不可一世的杨家一族，在这场哗变中覆灭。

天宝十五载（756）六月，叛军占领了长安，将它洗劫一空。

唐玄宗之前杀了安禄山的儿子安庆宗。为了复仇，安禄山杀掉了所有还留在长安城里的皇室宗亲。杨国忠、高力士的亲信，也都被杀害了。

潼关失守，长安陷落，皇帝出逃……一时间生灵涂炭！

一连串的坏消息传到全国各地，正在奋勇杀敌的义军将士们顿时凉透了心。他们虽然志在光复大唐，但现在，皇帝在哪儿都不知道，更没有一个镇压叛乱的总指挥官。大家群龙无首、各自为战，就像一盘散沙。

此刻，不少人心里都有同一个问题：

"我们到底在为谁而战？"

---

❶ 马嵬驿：在今陕西省兴平市西马嵬坡。

雨中大逃亡

杜甫知晓战争的残酷，不敢心存任何侥幸。

他非常清楚，看似岁月静好的生活，其实很容易陷入血雨腥风中，让先前所有的宁静不复存在。

当初，叛军兵临潼关时，杜甫就忧心忡忡，格外关心战况。敏感的诗人心中升起一种不祥的预感——这潼关看起来固若金汤，但貌似坚不可摧的东西，会不会以令人意想不到的方式轰然崩塌呢？

求官的这些年，杜甫曾经把希望寄托在大人物身上。但惨痛的教训告诉他，依赖别人来让自己安心，终归是不可靠的。无论战况如何，他都得确保家人的安全。

皇上杀掉高仙芝和封常清之后，杜甫更紧张了。他不敢把全家人的性命都赌在哥舒翰身上，便很快带着家人离开奉先，向北来到白水[1]。白水县尉崔顼是杜甫的舅父。

崔顼对杜甫一家很好，腾出一所僻静的宅子让他们住。

---

[1] 白水：今陕西省渭南市白水县一带。

然而，山间的风时常呼啸而过，天气也阴晴不定，动不动就响起阵阵惊雷。杜甫念着潼关外的乱世，根本没办法放松下来。

果然，潼关被攻破了，长安很快就要落入敌手。

消息传到白水的时候，叛军马上就要到了！事发突然，白水的父老乡亲全都慌了，纷纷选择逃难。杜甫一家也挤在众多难民中间，失魂落魄地跟着难民队伍往东北方向逃去。

大雨滂沱，难民们慌不择路，像蠕动的蚯蚓一样，在泥泞中拼命挣扎。杜甫本来骑了匹马，却在混乱中被人抢了，他只能昏昏沉沉地爬起来，继续前进。然而，就这么一小会儿的工夫，他就寻不见前面的家人，深山野谷，杜甫真是叫天天不应，叫地地不灵。

杜甫的家人只顾着往前走，过了好久才发现他掉队了。还好，杜甫的重表侄王砅不顾危险，掉头往回赶，一边骑马，一边喊杜甫的名字。找了快十里，王砅才总算找到浑身湿透了的杜甫。他立刻把杜甫拉起来，扶上马，抽出刀保护着，再去追赶家人。

杜甫一家人日夜兼程，一点儿都不敢休息，生怕走慢了被贼人追上。

雨连下了好多天，没有雨鞋，这泥泞的道路根本寸步难行。杜甫和家人们只能相互搀扶，扒着两边的树木，艰难前行。

更凄惨的是，由于离开的时候太匆忙，吃的都来不及带，大家都饿坏了，见着人就疯狂乞讨。杜甫的女儿还小，不懂事，饿得难受，

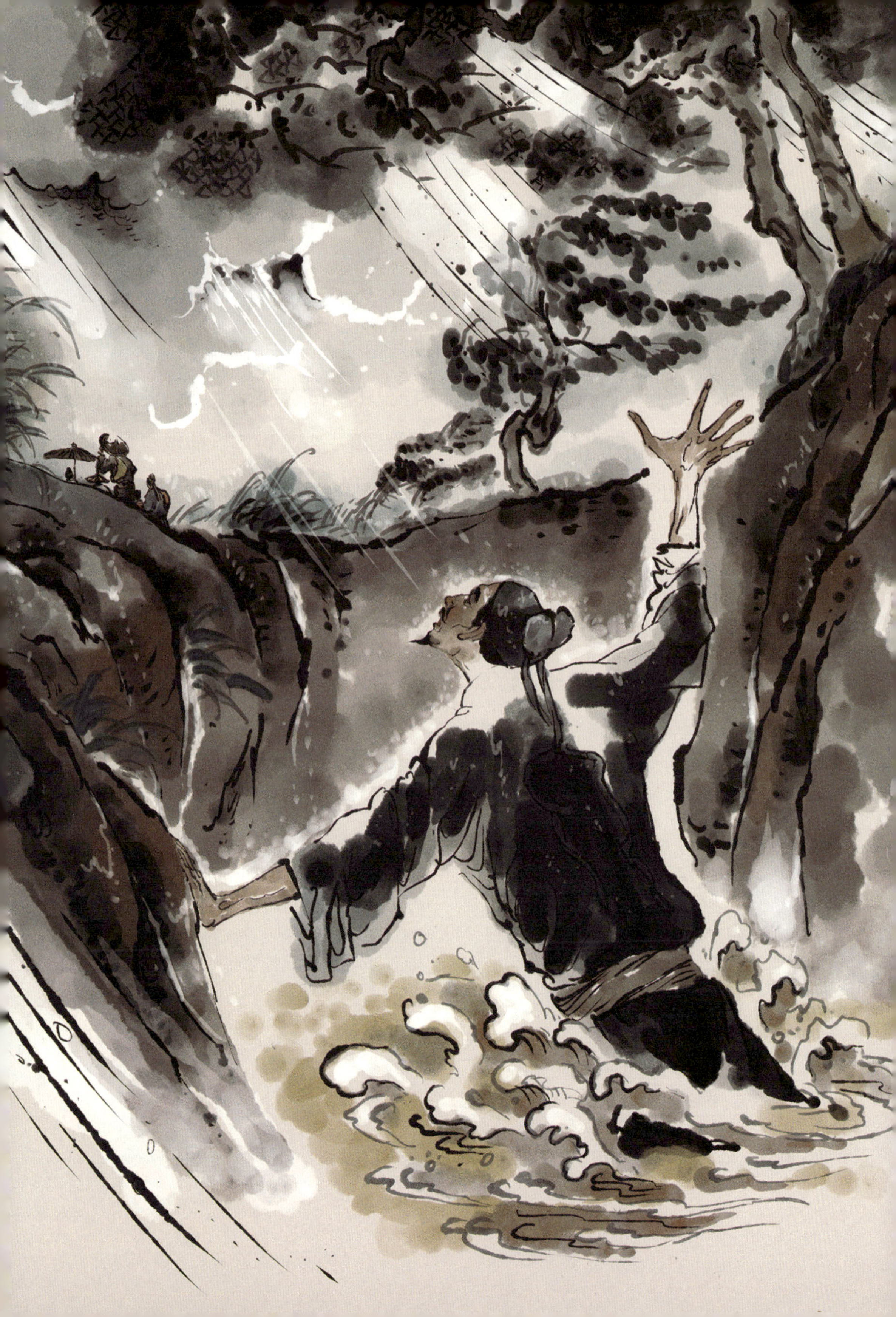

就一个劲儿地哭号。

杜甫怕她的哭闹声引来豺狼虎豹，赶紧捂住女儿的嘴。不捂不要紧，这一捂，孩子憋得难受，拼命挣扎，哭得更凶了。杜甫的小儿子想逗妹妹开心，摘了路边的李子来，却苦得根本无法下咽。

到了彭衙❶附近，杜甫很幸运，遇到一位叫孙宰的老朋友。黄昏时刻，好客的孙宰点起灯笼，热情欢迎杜甫一家人进门。他特意烧了热水，让杜甫泡一泡冻僵的脚，还为他们准备了一桌丰盛的晚餐。

在这么狼狈的生死关头，遇见热心肠的朋友，杜甫那颗被惊惧和寒冷冻透了的心，又热乎了起来。❷

杜甫一家在孙家待了一阵子，恢复了些体力，就接着往北走了。

经过三川❸，杜甫一家到了鄜州❹，终于在一个小村子里安顿下来。

❶ 彭衙：古邑名，今陕西省白水县东北。
❷ 参见《送重表侄王砅评事使南海》《彭衙行》。
❸ 三川：古县名，治今陕西省富县西南三川驿。
❹ 鄜（fū）州：唐置鄜州，今属陕西省延安市。

长安的悲歌

这一天,杜甫在鄜州听到一个大新闻,激动得双手发抖。

天宝十五载(756)七月,太子李亨在灵武❶登基称帝,是为唐肃宗,年号改为"至德元载",遥尊玄宗为太上皇。

然而,唐肃宗虽然名义上是正统的皇帝,却势单力薄,说话不管用。很多手里有兵马的人都在观望形势,想看看这个新皇帝靠不靠谱,再决定是否追随。

唐肃宗亟须树立威信。他望眼欲穿,苦苦等待旧臣们投奔。然而,他这个皇帝现在一穷二白,俸禄都发不出,只能靠"画大饼"给大家鼓劲儿。可想而知,这个时候,无论多小的角色前来护驾,唐肃宗都会感激涕零、视若珍宝。

杜甫听说唐肃宗在灵武广招人才,刻在他骨子里的忠君之心又燃烧了起来。他把家人留在羌村❷,毅然上路,一个人往北去投奔皇帝。

---

❶ 灵武:郡名,辖境相当于今宁夏省中卫市及其以北地区。
❷ 羌村:在鄜州城北,即今陕西省富县西北。

然而，杜甫的运气实在欠佳，半路上走得好好的，却撞见叛军，被抓了起来，成了俘虏。

叛军倒是没杀杜甫，而是将他押回长安。不过，杜甫的官位实在太小了，敌人甚至不屑于多派人手看管他。杜甫的行动也未受到太多限制。

没过多久，中秋节就到了。

在这个本该阖家团圆的日子，杜甫却身陷敌营，饥肠辘辘。他无比思念身在鄜州的家人，内心悲伤极了。此时此刻，妻子应该也像他一样，正望着明月，脸上挂着泪痕，苦苦念着他，祈求他平安吧。孩子们都很小，还不懂事，会挂念爸爸吗？

> 今夜鄜州月，闺中只独看。
> 遥怜小儿女，未解忆长安。
> 香雾云鬟湿，清辉❶玉臂寒。
> 何时倚虚幌❷，双照❸泪痕干？
>
> ——《月夜》

杜甫身陷长安，但一心惦记着外头。他每天起床，会先问问前线

---

❶ 清晖：明净的光泽，指月光。
❷ 虚幌（huǎng）：透明的窗帘。幌，窗帘、帷幔。
❸ 双照：对应着上面的"独看"，表示盼望着未来可以和家人团聚，一起赏月亮。

的消息，再看看有没有亲人的来信。然而，不仅亲人音信断绝，前线的消息也愈发令人心情沉重。

到了十月，唐肃宗下定决心，想立刻收复长安。

宰相房琯❶毛遂自荐，率军出征。然而，这位大人只会纸上谈兵，真上了战场却没什么本事。他把军队分成三路进攻，派中路、北路与叛将安守忠在长安西北咸阳以东的陈陶斜交手，但用的居然是从兵法书里拿出来的老掉牙的"战车阵"。

结果，叛军放了一把火，再派骑兵冲杀上去，就把房琯的两路大军杀得丢盔弃甲，杀伤了四万多人。唐肃宗好不容易召集起来的军队，被房琯弄了个所剩无几。

杜甫在长安听说房琯惨败，又目睹叛军凯旋，心如刀割。他仿佛看到，陈陶斜那片荒泽如今一片死寂，只剩下四万多义军无人掩埋的尸骨。这么多年轻的百姓子弟，满腔报国热血，却全都白白牺牲在了沼泽里。

得胜的叛军呢？他们背着鲜血染红的刀箭，腰上挂着义军的首级，放声唱着胡人的歌曲，大口大口痛饮着美酒。

希望破灭的瞬间，是最绝望的。看到这样一番景象，长安的百姓只能转过身去，朝着北边唐肃宗的方向，掩面痛哭。

---

❶ 房琯（guǎn）：唐朝著名官员，字次律，河南洛阳人。

> 孟冬❶十郡良家子，血作陈陶泽中水。
> 野旷天清无战声❷，四万义军同日死。
> 群胡归来血洗箭，仍唱胡歌饮都市。
> 都人回面向北啼，日夜更望官军至。
> ——《悲陈陶》❸

百姓苦苦等待官军的复仇，却在几天后得知，房琯又吃了大败仗。他在陈陶斜被打怕了，本打算龟缩在青坂不动，然而监军的宦官贪功心切，一个劲儿催他出战。房琯没辙，只好硬着头皮带领残部出战，结果不出所料，被杀得片甲不留。

天很冷，山上积着厚厚的雪，河里也结着坚冰。杜甫当然渴望官军早日收复长安，但他也明白，现在还不是反攻的时候。他真想给官军写封信，请他们不要急躁，再忍一忍，等明年天气好了再发起反攻。

唉，杜甫恨自己身陷长安，人微言轻，无法为平定叛军贡献自己的力量，只能眼睁睁地看着百姓与山河被叛军无情地践踏！

---

❶ 孟冬：农历十月，冬季的第一个月。
❷ 野旷天清无战声：描述战斗结束以后，再也没有交战声，显得原野格外空旷，天空也清净虚无。
❸ 陈陶：地名，即陈陶斜，又名陈陶泽，在长安西北。

虎口脱险

坏消息啊，是一个接一个。

年底，安禄山的部将史思明在大后方和义军交战，又把河北抢了去。很快，河南❶的许多城市也沦陷了。

杜甫最担心的，就是在那边生活的几个弟弟了。

杜甫有四个弟弟——杜颖、杜观、杜丰和杜占，虽然他们都是继母所生，却和杜甫关系很亲密。中原沦陷后，杜甫心急如焚，只求弟弟们平安。

这一天，杜甫竟然收到了弟弟杜颖的来信，总算安心了一些。信中，杜颖说自己与家人沿小道走了很远很远，逃到平阴❷的一个偏僻村子里躲着，暂时一切安好。

就算在和平年代，亲人相距那么远，交通又不便，也不是想见面就能见面的。如今，在这兵荒马乱的年代，能收到一封亲人报平安的

---

❶ 河南：唐朝时候的"河南"一般指黄河以南、淮河以北的中原地区，和今天的河南省不是一回事。

❷ 平阴：今山东省济南市平阴县一带。

信，对杜甫来说，已经是最大的安慰了。

至德二载（757）春天，杜甫愈加想念身在远方的妻子和儿女，却只能写几首诗来缓解思亲之苦。如今，一家人全由妻子一人照顾，杜甫实在放心不下。而这时，他又听说史思明召集了大军，从去年年底开始就一直在攻打太原。杜甫明白，一旦太原城破，叛军就能长驱直入，从后方包抄大西北地区。到时候，不光杜甫在鄜州的家人处境岌岌可危，唐肃宗的流亡朝廷也将陷入四面受敌的困境！

可惜，杜甫敏锐地捕捉到了敌人的意图，却只能在诗里谈谈自己对战争形势的分析，没法影响唐肃宗对战局的判断。这种无能为力的挫败感带来的痛苦和焦虑，让杜甫辗转反侧，彻夜无眠。

春天是万物复苏的季节，草木萌发新芽，鸟兽也恢复了活力。

关不住的满园春色，应该能激起一位感性文人心底的活力与希望呀？然而，欢快动听的鸟鸣声也好，娇艳欲滴的鲜花也罢，在杜甫这位忧国忧民的诗人眼中，全都成了大自然的悲歌。

杜甫从头到脚都浸泡在冰冷的悲痛之中。不管遇到怎样的春色，他眼中看到的，都是自己内心的投影——他心里的惊惧和悲哀，早已溢了出来，洒落一地。

国破山河在，城春草木深。
感时花溅泪，恨别鸟惊心。

烽火连三月，家书抵万金。

白头搔更短，浑欲不胜簪。

——《春望》

安禄山死了。

过年前后这段时间，安禄山这位肥胖的"皇帝"病痛缠身，又瞎了眼睛，变得喜怒无常。他动不动就打骂身边的近臣，连儿子安庆绪都难逃皮肉之苦。安禄山还经常放狠话，当着安庆绪的面叫嚣，要让其他儿子当继承人。

面对这座随时会喷发的火山，安庆绪不甘心等死。他恶向胆边生，先下手为强，与手下合谋杀死了安禄山，顺势"篡位"。

也是在这些日子，唐肃宗也遇到了棘手的问题——永王李璘❶"叛乱"了。

永王李璘盘踞在江南地区，以讨伐叛军为名招兵买马。李白就是在这个时候加入了李璘的"团队"，梦想着一展抱负。

然而，李璘没有率兵去攻打叛军，却突然袭击了苏州和扬州，还杀了当地的守将。消息传到唐肃宗那里，唐肃宗大为震惊。

杜甫和李白的近况我们都说过了，这时候，高适又在干什么呢？

高适已经投奔了唐肃宗。他毕竟有实战经验，为唐肃宗清清楚楚

---

❶ 李璘（lín）：唐玄宗的儿子，唐肃宗李亨的弟弟，被封为永王。

地分析了当下局势,并得出结论——李璘必败!

唐肃宗对高适十分认可,立马提拔他为节度使,命他和其他两位节度使,共同对付"反贼"李璘。

这次讨伐进展得异常顺利。两军还没打起来呢,李璘的"团队"就先内讧了。等到一开战,李璘根本不是高适的对手,很快兵败被杀。

而李白呢,不仅抱负没有实现,还沦为"乱臣贼子",被关进了监狱。

唐肃宗和他的小朝廷转移到凤翔❶后,杜甫就再也没有得到官军准备反攻长安的消息了。他眼巴巴等了这么久,实在等不及了,于是打算趁乱逃出长安,直接去凤翔投奔唐肃宗。

四月左右,长安城的叛军终于放松了对杜甫的看管,城外的草木也茂盛起来,适合藏身。杜甫拿定了主意,就豁出命去,趁着叛军不留神,从金光门❷大步流星地逃出了长安,直奔凤翔。

三百里的路,杜甫咬牙坚持,走了下来。为了躲避叛军,他不敢走大路,只能在幽暗的山林间穿行。他眼中只有前方,拼命赶路,不敢回头张望。

其实,被叛军捉住倒还好,就怕被什么野兽盯上,那他就万事

---

❶ 凤翔:今陕西省宝鸡市凤翔区一带。
❷ 金光门:唐朝长安城西边的一座城门。

休矣!

杜甫曾无数次幻想过自己拜见皇帝的场景——在这梦寐以求的时刻,他该穿哪套衣服、哪双鞋子,走路快还是慢,如何体面地介绍自己……

然而,当杜甫真的来到唐肃宗面前时,他却穿着连胳膊肘子都露出来了的衣服,踩着一双破麻鞋,别提有多落魄了!

熟人见到杜甫,都吓坏了——一年多不见,他怎么苍老成这个样子啊!❶

皇帝见杜甫豁出性命前来投奔,非常感动。没过多久,唐肃宗就给了杜甫"左拾遗"的职位。

担任"拾遗"这个官职的人,主要负责给皇帝提意见。左拾遗的官阶虽然不高,但身为左拾遗的人却离皇帝很近,可以经常参与军机要务。这简直是杜甫梦寐以求的工作。

杜甫感激涕零。自叛乱发生以来,他的所思所想,和为百姓所筹谋的一切,终于有了说给皇帝听的机会。他不再是忧心风雨飘摇的大唐而无计可施的旁观者,而成了为挽救国家危亡而献计献策的参与者。

四十六岁这一年,杜甫历经千难万险,终于赢得了施展抱负的机

---

❶ 参见《自京窜至凤翔喜达行在所》《述怀》。

会。面对这次来之不易的忠君报国的机会和这份受尽屈辱才换来的尊严和荣耀，他决定加倍努力去坚守。他要恪尽职守，倾尽自己的所学所思来回报皇帝对他的期待与厚望。

长安沦陷了，但山河还在，热血还在！

诗词赏析

天末怀李白

凉风起天末❶,君子❷意如何。
鸿雁❸几时到,江湖❹秋水多。
文章❺憎命❻达,魑魅❼喜人过❽。
应共冤魂❾语,投诗赠汨罗。

注释

❶ 天末:天的尽头。指极远的地方。

❷ 君子:指李白。

❸ 鸿雁:喻指书信。古代有鸿雁传书的说法。

❹ 江湖:喻指充满风波的路途。

❺ 文章:这里泛指文学。

❻ 命:命运,时运。

❼ 魑魅:鬼怪,这里指坏人或邪恶势力。

❽ 过:过错,过失。

❾ 冤魂:指屈原。屈原被放逐,投汨罗江而死。

译文

　　从天边吹来阵阵凉风，你现在的心境是怎样的呢？不知道我的书信你何时才能收到，只恐江湖险恶，秋水多风浪。创作诗文最忌讳坦荡的命运，奸佞小人最希望好人犯错误。你与沉冤的屈子同命运，应投诗于汨罗江，诉说你的冤屈与不平。

第七章
城春草木深

唐肃宗至德二载（757）夏
——唐肃宗乾元元年（758）夏

伴君如伴虎

至德二载（757）五月，杜甫四十六岁，他终于得到了施展抱负的机会。

然而，杜甫上任没多久，就触怒了唐肃宗，差点儿因此而掉了脑袋！而事情的起因，是一个人——宰相房琯。

虽然因为指挥不力在陈陶斜和青坂接连大败，唐肃宗起初并没有太怪罪房琯，但是房琯的政敌却不会轻易放过他，开始反复在皇帝面前说他不好，皇帝也就越看房琯越不顺眼了。

不久，有人指控房琯的门客收取贿赂，安排朝官与房琯会面，并以此暗示房琯也不干净。房琯不服，亲自去找唐肃宗辩白，却被怒斥一顿，赶了出去。没过多久，他就丢了宰相之位。

杜甫作为谏官，是相当尽职的。他看到了房琯谈论国家困局时的义愤填膺，欣赏房琯的文学才华，也知晓房琯有一些不切实际的做法，但同时他发现攻击房琯的那些人品行卑劣，便想纠正皇帝的错误。这不正是他这个左拾遗的职责所在吗？

于是，杜甫上疏唐肃宗，帮房琯说话：

"房琯虽有过错，但不至于为此免去他的宰相之位呀！"

唐肃宗的火气一下子就上来了——好你个杜甫！你的官职才是几品，哪儿来的胆子教我做事？再说了，房琯是你什么人，竟能让你冒死上疏？你们之间是不是有什么不可告人的关系？

皇帝越想越气，立刻命人逮捕了杜甫。他甚至摆出一个超级大的阵仗，让韦陟、崔光远和颜真卿所在的"三司"一起审讯杜甫，一副要将杜甫之案当成大案要案来办的架势！

杜甫如遭雷击，他不过是做分内的工作，说句公道话，为什么看上去就快被杀头了呢？

还好，审讯结束后韦陟说了公道话：杜甫的初心还是好的，只是不太会说话而已。如果皇帝您杀了杜甫，就是断了谏官说真话的路啊！然而唐肃宗依然愤恨难平。要不是后来又有新任宰相张镐为杜甫发声，杜甫可就万事休矣！

至德二年（757）六月，杜甫总算被赦免了，不过还是写了个谢罪书。尽管在唐肃宗那里反复受挫，甚至有性命之忧，但杜甫始终不忘自己的"谏官"之责，多次诚挚地对唐肃宗说："希望陛下能忽略掉大臣的小过错，多任用他们的大才能啊。"❶

还好，唐肃宗还是了解杜甫的为人，没再追究。经此一事，杜甫也长了教训，再进言时也"周到""谨慎"了许多。

---

❶ 参见《奉谢口敕放三司推问状》《壮游》《建都十二韵》。

然而，杜甫的眼睛还是雪亮的。

如今，唐肃宗身边最大的红人叫李辅国，是个宦官。他从唐肃宗还是太子的时候就一路追随唐肃宗，唐肃宗很信任他，后来因为拥立唐肃宗继位有功，被更加重用。

唐肃宗觉得李辅国靠谱，就把越来越多的事情交给他去做。然而，李辅国却是个老奸巨猾的家伙，他跟皇帝的宠妃张良娣勾结起来，私底下干了很多坏事。

唐肃宗在唐玄宗、李林甫和杨国忠的阴影下熬了这么多年，好不容易当上了皇帝，疑心病也很重。他有一个儿子叫李倓，有勇有谋，立下了汗马功劳。然而，李倓去告发李辅国和张良娣勾结，唐肃宗却没搭理他。李辅国和张良娣于是反过来利用唐肃宗对李倓的猜忌，说服他赐死了这个儿子！

瞧，这流亡的朝廷还没有完成复国大业，就已经腐朽成这样了！

李辅国呼风唤雨、兴风作浪，朝廷上下腐败不堪，这些杜甫当然都看在眼里。

即使身处污浊的官场，杜甫依然工作得很努力。既然皇帝听不进直言进谏，那他就好好履行左拾遗举贤任能的职责。于是，他不仅经常跟各位大臣讨论当下的战局，还跟其他大臣联名推荐了像岑参这样有才能的人。然而，唐肃宗心中已经对杜甫有了芥蒂，和他越来越疏远了。

侍奉君王，真的就像陪伴老虎一样危机四伏啊！

看到建宁王李倓的下场,杜甫知道,通过谏言拯救苍生这条路已经走不通了。

他只能将一腔孤愤化作犀利的笔锋,去讽刺那帮弄权的奸臣,去记录黎民百姓的悲苦生活。

家书抵万金

至德二载(757)秋天,杜甫已经一年多没有收到家人的消息了。

每次听说有人去鄜州,杜甫都托他们捎信去羌村。他很怕战乱波及家人,更怕孩子饿死的惨事再次发生。

这一天,终于有人捎来了回信。

杜甫双手颤抖着接过家书,迫不及待地打开来看。知道妻子和儿女一切都好的瞬间,他闭上眼,长舒一口气,方才绷得紧紧的后背向后一靠——心里悬了一年的大石头终于落了地。

八月,唐肃宗再也忍受不了杜甫的耿直谏言,许他回鄜州探望家人。杜甫其实早就想回家看看了,但他心系朝堂,一心想把更多百姓的呼声传达给唐肃宗。如今皇帝允许他回家探亲,虽然意味着皇帝对他的疏远，但也给了他和家人团聚的机会。

杜甫这次回鄜州，路上虽然还算安全，但也没少遭罪。

这段时间，朝廷铆足了劲儿，聚集所有力量，准备一举收复长安。因此，官军征用了附近所有的马匹。杜甫想回家，只能徒步回去。从凤翔到鄜州，那可是数百里路啊，不吃不睡，也得走上好几天。

行至邠州时，杜甫托人帮忙，好不容易跟镇守在此的将军借到了一匹马，得以继续赶路。

一路上，杜甫遇见很多带伤的人，他们都在痛苦地呻吟。止不住的脓血，从那些凑合着盖住伤口的脏布条里漫出来，真是触目惊心。

杜甫也曾回望凤翔，唐肃宗大帐外的旗帜在他的脑海中忽明忽灭，像一个虚无缥缈的梦。

杜甫不知说什么好，只能摇摇头，继续向家的方向走去。

杜甫回到羌村的时候，天上已堆满了红彤彤的晚霞。

在斜照的阳光下，杜甫家的院子是一片萧

索的景象。由树枝草草扎成的院门凌乱不堪，显然很久都没人修理了。四周的鸟雀一直在叽叽喳喳地叫，像是很久没见过人似的。

杜甫正恍惚呢，院子里面响起了脚步声。他循着声音望去，看到了几双圆睁的眼睛，还有几张不自觉微微张开的嘴巴。

对杜甫来说，没有见到妻子儿女的这一年，漫长得如同经历了一个世纪的时间。

儿女哭着飞扑过来。他们紧紧抱住杜甫的大腿，不愿松开——一旦松开了手，说不准父亲就会再次消失得无影无踪！

听到声音，邻居们也都赶了过来，一张张脸很快挤满了墙头。他们知道这家母子这段日子过得有多辛苦，都在感叹老天有眼，真的保佑杜甫回来了！

夜很深了，房间里的灯火却迟迟没有熄灭。

杜甫经历九死一生，终于平安归来。夫妻二人能像现在这样面对面坐着，真像是做梦一样。

他们有无数的话想向对方倾诉，却一时半会儿不知从何说起。

第二天，杜甫正忙着驱赶聒噪的鸡呢，忽然听见有人敲门。开门一看，是村里四五位长者来看他，还带了酒和礼物。杜甫赶紧迎长者们入内，和他们一边喝酒，一边聊起村里的近况。

那几坛酒有的清澈，有的浑浊，算不上什么好酒。

长者们瞅瞅碗里的酒，叹了口气说："年轻人都上战场去了，村里种地的人手都不够，这酒，凑合着酿一酿，随便喝一喝吧！"

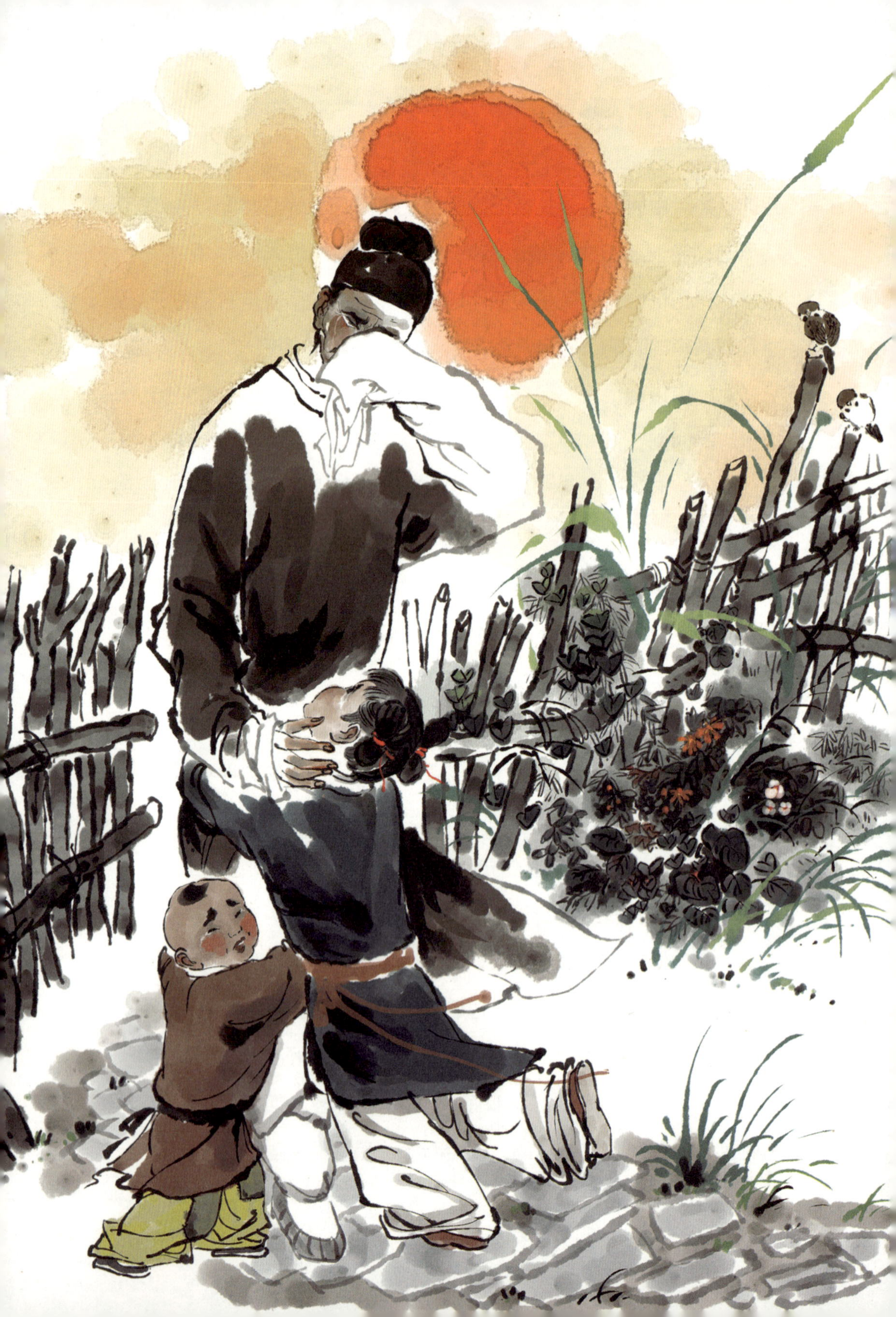

日子过得这么艰苦，大家还这么热情地为他接风洗尘，杜甫的内心一时间百味杂陈。回想自己在朝廷为官的时光，虽然只有短短的几个月，但他却也不曾帮上百姓一丁点儿忙，让他们的日子好过一点儿，真是羞愧难当。

没有投奔唐肃宗之前，即使遇到再多的挫折，杜甫也还是暗自憋着一股劲儿。无论多么疲惫、多么沮丧，他都一遍遍地鼓励自己：坚持下去！一旦有机会向皇帝谏言，他一定可以救黎民百姓于水火！

然而如今，杜甫却绝望地发现，他跟随在皇帝左右，尽职尽责地直言进谏，结果却像是拳头打到棉花上那样无力。

皇帝不能接受杜甫的谏言。他在心里垒起了一层厚厚的消音墙，把臣子们真心却刺耳的呼喊全都屏蔽掉了。黎民百姓的苦难，不是皇帝最关心的事情，他更在乎自己能不能夺回皇帝的威严和权力。

理想破灭以后，杜甫终于发现，面对这个巨大的、残酷的又根本不讲道理的世界，自己的坚持是多么微不足道啊。

在愁苦又无望的思绪中，杜甫喝干了一碗酒，吟唱了一曲悲歌，发出了一声仰天长叹。等他缓缓低头，再看向酒桌前的那些长者时，发现大家都已涕泪纵横。

在他们粗糙的面孔上，泪水顺着苦难刻下的皱纹流淌，浸湿了破旧的领子和衣袖。❶

---

❶ 参见《徒步归行》《羌村三首》《北征》。

屈辱的盟约

在陪伴家人的日子里,杜甫依然时刻关注着前线的战况。

至德二载(757)九月,唐肃宗的儿子——新任天下兵马元帅李俶❶终于凑足了精兵强将,准备从叛军手里夺回长安。他和副元帅郭子仪一同率领十五万联军,在长安城南边的香积寺北摆好阵形,等待决战。

杜甫等这个消息太久了,在他看来,曾经不可一世的叛军,现在就如在沸水里游动的鱼,不用多久就会熟了;像是藏在地洞里的蚂蚁,待热水朝着洞口浇下去,就会被烫死了。

杜甫对这次决战信心满满,甚至已经开始想象官军得胜后的大好景象:当流亡的朝廷终于回到长安时,长安四处旌旗飘飘,群臣身着朝服,一同簇拥着皇帝入朝。整支队伍欢欣鼓舞、朝气蓬勃。大家在新的起点重新出发,加紧夺回失去的东西,创造更多新的辉煌。

然而回到现实中,在长安城外略显杂乱疲惫的唐军旁边,有一抹

---

❶ 李俶(chù):就是后来的唐代宗李豫。俶,善良、美好的意思。

白色尤为刺眼。

这是一支人人身披白袍、身骑战马的军队，他们在收复长安的队伍中显得格格不入。这些军人满脸浓密的胡须，鼻梁高高挺起，眼窝深陷，眉弓高耸，双眼射出锋利的精光。他们骑术了得，稳稳驾驭着那些性子暴烈的骏马。整支队伍看上去非常有威慑力。

这些白袍骑兵来自回纥❶，是唐肃宗借来的强力援军。

回纥是一个马背上的游牧民族，唐玄宗时他们的首领骨力裴罗建立了回纥汗国，受封怀仁可汗。唐朝一向跟回纥关系不错，并肩作战过几次不说，彼此之间还有和亲关系。现在，唐朝势弱，唐肃宗请回纥出兵帮忙收复长安和洛阳，回纥的叶护太子便带着四千精兵前来支援了。

问题是，这么大的忙，回纥怎么可能白帮呢？

那还不是因为唐肃宗许诺，等联军攻下长安，土地和人民都归大唐，而城内的财物和奴仆，都任由回纥处置！

那可是"天可汗❷"的长安城啊！

在回纥人的想象中，长安城这座城市黄金遍地、美女如云。只要打赢了占领这里的叛军，他们想拿多少金银财宝就能拿多少——这是多么大的诱惑啊！回纥骑兵本来就骁勇善战，现在又有那么多财宝作为奖赏，回纥兵哪能不疯狂？他们誓要攻进长安，拿到他们想要的！

---

❶ 回纥：即回鹘（hú），古代北方游牧民族。
❷ 天可汗：唐朝周边诸族、诸国对唐朝皇帝的尊称。

然而，杜甫和许多有远见的大臣都很担心：如果必须依靠回纥的力量才能收复长安，那将来该怎么办呢？如今叛军势力遍布北方，周围的其他民族也有趁机袭扰的可能，如果总要跟回纥借兵，回纥的胃口肯定会越来越大。倘若大唐自身实力不够，到时候，回纥反将大唐一军又该怎么办呢？❶

然而唐肃宗这个人目光短浅，又急功近利。他可不管以后该怎么办，他只在乎眼下自己连一座京城都没有，一直在外头飘着，丝毫没有身为皇帝的威严。唐肃宗不甘心当一个"流亡朝廷"的领袖，成天过苦哈哈的日子。他只想尽快回到长安。

其实唐军的实力已越来越强，收复长安本是指日可待的事情，但唐肃宗不想等下去了，只求火速收复长安。到那时候，他坐上龙椅，成为实至名归的天下之主，不仅生活得更加舒服，发诏书也就更有底气了。

然而，人无远虑，必有近忧。

唐肃宗的首席谋士李泌❷早就劝过他了：现在这个时候，应该先集中力量端掉反贼的老巢，让他们失去抵抗能力，否则，就算夺回了长安和洛阳，叛军主力还在，随时都可以反扑。

然而，唐肃宗根本就听不进这些，他打算先好好享受当皇帝的荣光，至于还债的事情，以后再操心呗！

---

❶ 参见《喜闻官军已临贼境二十韵》。
❷ 李泌：唐朝著名官员，唐肃宗当太子时的好友。

在经过一场血战、付出惨痛的代价之后，联军终于收复了长安。

回纥狂喜，等不及要劫掠长安城了。此时，长安城里的百姓都在庆祝胜利，哪里知道又一场大祸正在向他们逼近！

危急关头，广平王李俶作为回纥叶护太子的结拜兄弟，急中生智，说道："如果你现在就率兵掠夺长安，洛阳的百姓很快就会知道了，将来他们还会欢迎我们进城吗？等收复了洛阳，我们再履行约定也不迟啊！"

叶护太子觉得李俶说得很对，就暂时放过了长安。如此一来，对真相一无所知的长安百姓很感激官军和回纥军，而对未来的灾难，却一无所知。

人们终于等到官军归来的这一天了！

联军一路向东追击，在陕州❶附近与十五万叛军对阵，再次大破敌军。

见势不妙，安庆绪只带了一千多人，从洛阳落荒而逃。

收复洛阳后，唐军再也没有理由阻拦回纥了。洛阳的百姓还没来得及庆祝，便得知回纥即将洗劫全城的消息。他们顾不得收拾行囊，赶紧扶老携幼逃去避难。

回纥在洛阳里里外外搜刮了三天三夜，才心满意足地离开。

听到收复两座都城的好消息后，杜甫喜极而泣，但他马上担心起

---

❶ 陕州：今河南省三门峡市陕州区附近。陕州在历史上不仅是军事要地，也是文化交流和经济活动的中心之一。

立下汗马功劳的李俶来了。

之前,唐肃宗的宠妃张良娣为了让自己的儿子夺得太子之位,和李辅国狼狈为奸,已经害死了建宁王李倓,如今,他们还不知道会对李俶下什么毒手呢!

再者,如果回纥越来越骄横,提出更多无理的要求,将领们也仗着功劳嚣张跋扈起来,那国家就更麻烦了。别忘了,叛军还没彻底覆灭,如果这时候朝廷内忧重重,将来唐军必然会付出更惨重的代价!

很多不祥的迹象,杜甫早就看出来了。他清醒地意识到,胜利只是阶段性的,朝廷依然危机四伏。然而,他的肺腑之言又有谁听呢?他只能写写诗,把自己的忧虑藏进诗句里去。

至德二载(757)十月,唐肃宗终于回到了他心心念念的长安。杜甫一家人也收拾好行囊,全家一起返回长安。

当年逃亡之时,这条路是多么令人心惊肉跳啊!如今,杜甫轻松愉悦地走在回京的路上,感觉一草一木都洋溢着胜利的喜悦,天边的云彩也都泛着明媚的光辉。❶

现在,杜甫终于可以享受一下久违的安宁了。

---

❶ 参见《收京三首》《重经昭陵》。

永别了，长安

太上皇也从成都回到了长安。唐肃宗该怎么面对父亲呢？

一个是自作主张夺了权的儿子，一个是对至尊之位始终不肯放手的父亲。这两人要是相见，场面别提得多尴尬了。

两人关系一旦处理不好，朝堂又要乱作一团了！

所幸唐玄宗和唐肃宗都深谙大势，能够"顺应"潮流，所以两人的相处也算"父慈子孝"。

而真正了解唐玄宗和唐肃宗关系的人，可能只能苦笑吧。

不管怎么说，初回长安的那段日子，杜甫很开心。他依旧任职左拾遗，时不时与王维、岑参等人并肩出入、吟诗唱和。

进入乾元元年（758），平叛形势看起来一片大好。安庆绪的地盘越来越小，史思明也向唐肃宗投降了。唐肃宗不仅没有惩罚史思明，反而给他封了王，让他继续当节度使。显然，唐朝现在的实力还明显不足，只能暂时安抚史思明，以积蓄力量。

杜甫工作得更加努力，每天早出晚归，还经常自觉加班，甚至直接睡在了办公地点。

然而，虽说回到了长安，朝廷财政却依然紧张，发不出多少俸禄。有时候，杜甫困顿得只能把衣服押在当铺，以维持家庭的支出。此时的杜甫，心情是矛盾的：一方面，官宦世家出身的原因，让他将侍奉皇上视为无上光荣；而另一方面，他内心一直深藏的那份对百姓的怜悯与共情，又让他觉得如今的生活狭窄逼仄。"皇帝的赠衣"与"路边遗弃的瘦马"，仿佛两股无形的力量，在他内心反复拉扯。不过，他仍天真地认为，只要君臣上下一心，国家早晚会走上正轨，重新富强起来，百姓也可以安居乐业。现在暂时吃点儿苦，又算什么呢？

腊八那一天，杜甫收到了皇帝赏赐的礼物——一些润唇膏和润肤乳之类的小东西，这是大冷天保养皮肤用的。想到寒冬就要过去，暖春马上要来敲门，杜甫的心也跟着温暖起来，他对皇帝也更加感恩戴德了。

这段时间，杜甫写了不少歌颂皇帝和朝廷气象的诗。作为左拾遗，他距离皇帝很近，有时还会说几句颇自得的话："昼漏希闻高阁报，天颜有喜近臣知！" ❶

当然，回到长安的这一年里，杜甫也遇到了让他觉得烦闷的事——第一件事，就是当年曾与他共同饮酒高歌的好友郑虔，被皇帝贬出了京城。

---

❶ 参见《春宿左省》《晚出左掖》《紫宸殿退朝口号》。

为什么呢？

原来，安禄山占领洛阳和长安的时候，抓住了很多唐朝的旧臣——这帮人有才华也有名气，安禄山决定招揽他们帮他这个"大燕皇帝"做事。威逼利诱之下，一些"墙头草"马上就投靠了新主子。而有些大臣良心未泯，又不敢反抗或者逃跑，只能装病不就任。

唐肃宗夺回两都后，惩罚了那些给叛军当官的大臣。那些装病不就任的，同样也受到了唐肃宗的惩罚。

郑虔当时已经表现得很不错了，不仅称病不就任，还从洛阳逃回了长安。然而，皇帝还是把他贬到遥远的台州去了。杜甫觉得，这样惩罚一个快七十岁的老人，有些不通情理。

郑虔走得也十分仓促，甚至没有机会与杜甫告别。唉，此一别，两人真的要后会无期了！

旧人黯然下台，新人粉墨登场。

唐肃宗任用的大臣们在凤翔时就各种明争暗斗，回到长安以后，他们非但没能齐心协力，反而斗得越来越凶了。

房琯虽然丢了宰相之职，但他毕竟名气大、威望高，而且很早就跟着唐肃宗，没有功劳，也有苦劳。很多人都以为，等回到长安，皇帝会重新起用房琯当宰相。可没想到，唐肃宗只是给了房琯几个虚职，根本不想重用他。

房琯这人也有点儿自视甚高。他一直自负文武双全，如今被皇帝"雪藏"了，内心感到很郁闷。既然得不到唐肃宗的重用，房琯干脆消极怠工，整天和家里的一大帮宾客高谈阔论，还经常装病，不去上朝。就这样，一来二去，唐肃宗也就越来越厌恶房琯。

很快，房琯这一派的大臣就倒台了。

除了房琯，唐肃宗还要把其他一些随玄宗入蜀的旧臣们全部赶走。

贾至是著名的文学家，是唐玄宗赞许有加的老臣，也是杜甫的好友，唐肃宗却率先将他贬出了长安。

不用多想，杜甫就能明白皇帝的意思。

如今，蒙住杜甫双眼的那层乐观的雾气消散了，欣喜和希望消失不见，失落和悲哀再度袭来。

杜甫终于从美好的幻想里清醒过来，意识到一个非常残酷的事实——皇帝并不信任他，不会拿他的谏言当回事。他做这个官，拼命努力，反而会招来一身骂名。他还不如赶紧辞职，去找块田，盖个房子，和家人一起过安稳的日子呢！

杜甫越想越苦闷，就跑去曲江池畔喝酒。

想当初，这里可是拥有长安城里最好的景致。每年的新科进士都会来这儿饮酒庆祝、吟诗作赋。那些志得意满的才子喝着酒，抬头便看见灯火辉煌的亭台楼阁，低头又看见落满花瓣的月光之路伸向远方，无限美好的未来，就像水面的波纹一样，在他们满含希望的一双双眼睛里徐徐展开。

如今，经过战火的摧残，曲江池畔一片焦土，楼阁都没有多少完好无损的了。朝廷缺钱，一时半会儿也顾不上修复这里。不再有才子佳人前来饮酒吟诗，反倒是常常有失意的人过来，与这破败的景致同病相怜，从中得到些许安慰。

呆呆地望着眼前浑浊的池水，杜甫只能再灌几杯酒，将满肚子郁结之气寄寓在诗文当中。

春天如此美好，却又如此短暂。

朝堂上看似整洁肃穆，然而，暗流涌动，人心全都藏进了深邃的草木丛中。

乾元元年（758）六月，唐肃宗跟房琯算起总账，再次将房琯贬官。作为房琯的朋友，杜甫为房琯仗义执言，结果也受到了牵连，被降为华州司功参军，被迫离开长安。

相隔一年多，杜甫又站到了金光门前。

之前，杜甫抱着必死的决心，从金光门逃出长安，奔向心中的光明。如今，杜甫又要穿过这道门了，但他再想回到长安，恐怕是遥遥无期了。

杜甫不怪唐肃宗，只是不停地安慰自己："我啊，本来就没什么本事，现在也确实老了。以后啊，为陛下指引方向的任务，就交给更合适的人吧！"

杜甫骑上马，缓缓走出金光门。心有不舍，他猛然勒住马，回首远远地再望了那皇宫一眼。

随后，他怅然离去，不再回头。

诗词赏析

江汉

江汉①思归客,乾坤一腐儒②。
片云天共远,永夜月同孤。
落日③心犹壮,秋风病欲苏④。
古来存⑤老马⑥,不必取长途。

注释

① 江汉:该诗为杜甫在湖北江陵公安一带所写,因这里处在长江和汉水之间,所以诗称"江汉"。
② 腐儒:本指迂腐而不知变通的读书人,这里是诗人的自称,含有自嘲之意。
③ 落日:比喻自己已是垂暮之年。
④ 病欲苏:病快要好了。苏,康复。
⑤ 存:留养。
⑥ 老马:诗人自比。

译文

我漂泊在江汉一带,思念故土却不能归去,在茫茫天地之间,我只是一个迂腐的老儒。看着远浮天边的云朵和孤悬暗夜的明月,我仿佛与云共远,与月同孤。我虽已年老体衰,时日无多,但一展抱负的雄心壮志仍在,想到这里,面对飒飒秋风,我觉得病情似乎渐有好转。自古以来养老马是因为其智可用,而不是为了取其体力,因此,我虽年老多病,但还是能有所作为的。

拨开历史迷雾

唐肃宗为什么冷落杜甫？

唐肃宗刚开始时不是很喜欢杜甫吗，为什么后来突然就讨厌他了？

杜甫主要犯了两个错误：

第一，他太"执着"了。

就算他要直言进谏，也得讲究方法和时机，得先得到皇帝的信任，才能让皇帝听得进去他的逆耳忠言。杜甫刚到凤翔时，跟皇帝还不熟就反复谏言，皇帝心里能舒服吗？

杜甫觉得，只要他是对的，只要他真心为大唐着想，皇帝就会听他的。可现实世界不是永远讲道理和逻辑的。很多时候，行得通的方案并不一定是最"正确"的，而是最"合适"的。

第二，杜甫没有看清问题背后的本质，关键时刻站错了队。

唐肃宗在灵武即位以后，明面上，他成了天下之主，但实际上，唐玄宗这位太上皇还是有不小的影响力的。唐玄宗从成都派了一些大臣去辅佐唐肃宗，其中就有老臣房琯和张镐。

房琯和张镐到了灵武,成了"空降"的宰相,这让那些拥立唐肃宗的"新贵"功臣们怎么想呢?于是,唐肃宗的大臣们逐渐分成了两派。"新贵"派的人为了得到更高的地位,就总是找机会诋毁房琯这些老臣。

在经历了两次败仗以后,唐肃宗才知道,之前建议唐玄宗将儿子们分封到各地去当节度使的那个人,正是房琯!不过那时候,房琯还是唐玄宗的宰相,李亨也还没称帝呢。房琯替唐玄宗出这种主意,也没什么问题。

可问题是,房琯虽然能力上有些不足,但他爱结交有才华的年轻人,像王维和孟浩然这样的才子,年轻的时候都得到过房琯的热心帮助。再后来,像贾至、严武和杜甫,都受过房琯的关照。而房琯的政敌们正是抓住了这一点,不断向唐肃宗说房琯的坏话:如果房琯提携的这些后辈受到了重用,那朝廷里就全是他的亲朋好友了,他不就像李林甫一样大权独揽了吗?

唐肃宗最不能容忍的,就是宰相拉帮结派,搞自己的小团体。他当年还是太子的时候,整天过得提心吊胆,要看李林甫和杨国忠的脸色。现在,他当了皇帝,当然不允许这样的事再次发生,于是他就要从根上掐掉这种可能,也就自然不会放过房琯。

再者,唐肃宗"封杀"房琯的根本原因,可能还是出于对唐玄宗的忌惮。

唐肃宗认为,以房琯为首的这些大臣以前跟着唐玄宗,现在未必对他忠心耿耿。倘若父亲将来卷土重来,他们在背后给自己捅刀子,可怎么办呢？因此,唐肃宗宁可任用才能和人品都不如房琯的臣子,也不愿冒险信任房琯他们。

  唐肃宗让杜甫担任左拾遗一职,本想给他一个表明忠心的机会,看他能不能把握住。可经过房琯这件事,唐肃宗认为杜甫不是跟自己一条心的人,从此也就疏远了他。

  所以说,杜甫仕途的起伏跌宕,背后隐藏的是新旧两派大臣的势力争夺,更是唐玄宗和唐肃宗这对父子皇帝之间权力的无形交锋。

第八章

和平的代价

唐肃宗乾元元年（758）夏
——唐肃宗乾元二年（759）夏

烽烟再起

杜甫把妻儿送去蓝田,寄养在舅舅所在的崔氏家族那里,独自去华州❶赴任。

夏天的华州像个大蒸笼,人稍微动一动,就会出一身汗。司功参军又是个苦差事,除了要帮华州刺史写奏章,还要管教育、考试、节庆、典礼等许多杂活儿,甚至连谁请了多少假、哪些桌子椅子该换了,都要了如指掌。

杜甫刚到华州,就立马投入到工作中去了。

杜甫案上的文件堆积得像山一样高,旧的还没处理完,新的就又来了。杜甫整天忙碌,有时候一天下来,连吃两口饭的工夫都没有。

天气炎热,工作的环境也不好,杜甫白天黑夜都没法好好休息,但他每天总是穿得整整齐齐地去上班,一头扎进案牍堆里。

虽然环境让杜甫感到难受,但干活儿他可从不马虎。

华州要选拔几个进士考生,杜甫就出了五道有关经济政策的试题

---

❶ 华州:今陕西省渭南市华州区一带。

来考他们。安史之乱以来的所见所闻,让杜甫切身体会到百姓生活负担之沉重、国家百废待兴之迫切。无论养军队、征役还是修复交通运输,都需要百姓又出钱、又出力。到底怎样才能给百姓减负呢?

杜甫日夜为民生问题悬心,而皇帝与当朝的权贵们却根本看不到底层人民的艰辛,又或许他们本就不把百姓当回事。这次出题是一个难得的机会,杜甫想借此引起朝廷对民生问题的关注。如果考生中有人能提出可行的建议,那自是好事一桩。

杜甫像一匹衰老的骏马,虽然主人并不看好,但仍有驰骋疆场的愿望。平时只要谈论到平叛的事,他就精神抖擞,像个指挥官一样,对当前的形势进行鞭辟入里的分析。杜甫还写奏章提出非常具体的战术,并附上示意图,劝皇帝早点儿剿灭盘踞相州❶邺城❷的安庆绪势力,别让叛军死灰复燃。

然而,唐肃宗太看重眼前的利益,只顾着巩固皇位。等皇帝终于下令追讨安庆绪的时候,离收复长安已经过去快一年的时间,而叛军的实力早就恢复得差不多了。

乾元元年(758)九月,朝廷总算要与叛军展开决战,并派出了最强劲的阵容——大将郭子仪、李光弼等九名节度使,率领二十万大军进攻安庆绪。

然而,九名节度使,二十万大军,竟然没有一位总指挥!

---

❶ 相州:今河南省安阳市一带。
❷ 邺(yè)城:在今河北省邯郸市临漳县一带。

皇帝害怕某一位节度使的权力过大，成为第二个安禄山，所以没打算任命一位总揽全局的大元帅，只派了一个名叫鱼朝恩❶的宦官前去监督全军。

大家都是节度使，地位不分高低，你说听谁的？

没人有指挥全军的权力，也就没人愿意承担发起决战的责任。唐军索性拖着，想等邺城断了粮，不攻自破。

唐军就这么错过了决战的良机，硬是让叛军找到机会扭转乾坤。

安庆绪死守邺城。唐军围攻了好几个月，也没攻下来。过完年后，邺城更是粮草断绝，甚至出现了人吃人的惨象！这种时候，别提大米值多少钱了，但凡能吃的东西，就连老鼠，都能卖上天价。马匹没草料怎么办？马粪洗一洗，接着喂马。

叛军宁死不降，是在苦等史思明的援军。

等等，史思明不是投降唐肃宗了吗？唐肃宗还封他为节度使了呢！其实，这个狼子野心的家伙从来没有真心归降过。

史思明领了封赏，却依然很不老实，私底下还在和叛军联系，并继续招兵买马。唐肃宗想除掉他，却不小心打草惊蛇了。史思明想到，皇帝连那些投降过叛军的文臣都要秋后算账，必然不可能放过他这个"正牌"反贼，索性又造反了，攻陷了相州旁边的魏州❷，自称"大圣

---

❶ 鱼朝恩：唐朝宦官，后来权势越来越大，甚至统率禁军主力——"神策军"。
❷ 魏州：今河北省邯郸市大名县一带。

燕王"。

不过由于唐军这次兵强马壮，史思明没有直接去救安庆绪，而是在等合适的机会。这家伙精明得很，他看出来唐军心不齐，围城太久，必会疲惫。于是，史思明一边派兵骚扰唐军，一边暗中派部队断了唐军的粮草。

终于，史思明等到时机成熟，就和九位节度使开战了。

唐军虽有二十万人，却个个疲累。史思明只有五万人，却都是精兵。这场仗一开始打得非常胶着，两边都死伤了不少人。可没想到，战场上突然刮起了暴风。一时间飞沙走石、天昏地暗，好像世界末日一般，所有人都怕得要死。

天气差到连身边的人影都看不清楚，这仗还怎么打！

唐军和史思明的军队都溃败而逃，邺城就这么稀里糊涂地解了围。史思明救了安庆绪，却转头就杀了他，收下了他的地盘和人马。

乾元二年（759）四月，史思明回范阳称帝，将范阳改名为"燕京"。

现在，轮到史思明与唐朝对战了。

"三吏"之苦

乾元元年（758）冬末，杜甫暂时忙完了公务，总算有空回一趟洛阳，探望一下亲友。只可惜，杜甫的弟弟和妹妹都在外地，一个都没见着。

最近，杜甫只收到了弟弟杜颖的消息。杜颖继承了杜家的家业，但战乱发生得太突然，他只能先带着家人狼狈逃命，家里的很多东西都没来得及带走。

杜甫走进弟弟的宅院，书房里满墙的书还留在原处，一点儿没有被动过的痕迹。家里那条老狗也还在，耷拉着脑袋，靠在床边，一直哽哽地叫。人间发生了如此大的惨剧，连狗都能感同身受。

杜甫返回华州的时候，刚好赶上唐军在邺城大败，路上到处都是伤兵和难民。打了败仗以后，九位节度使手下的兵马四处逃散，不听指挥，又毫无纪律。混乱之中，不少士兵趁火打劫，一路掠夺百姓们的财物。地方官员根本阻止不了他们，使原本艰难的百姓们的处境难上加难。

郭子仪算是唐朝最厉害的大将了，他的兵马也在战斗中损失惨重。为了保住洛阳,他必须守在洛阳东北边,尽力拖住叛军。这里原本有一座方便通行的大桥,也被郭子仪毁了——情况紧急,顾不得那么多了。

往返洛阳与华州的路上,挤满了难民。

杜甫走在逃难的人群中,身边就是无数流离失所的百姓。那些哭声、呻吟声震撼着杜甫的耳膜,让他为之心痛。

傍晚,杜甫来到了洛阳以西没多远的新安❶。

---

❶ 新安:今河南省洛阳市新安县一带。

前头吵吵闹闹的，杜甫过去一看，新安的官吏正掐着一个十几岁少年的手腕，把他从亲人怀里硬拽出来，甩进一个全是瘦弱男孩的队伍里。

以前，男子至少年满二十一岁才能去从军。而现在呢，由于前线太缺士兵，上头下了命令，少年只要年满十八岁，全都要上战场保卫国家！然而，眼前的这些孩子可连十八岁都没到呢，兵器都拿不稳，怎么可能战胜那些如狼似虎的叛军？

王城是必须要守护的，但就这样让这帮小孩白白去送命，不是太可怜了吗？！

杜甫只能尽量安慰这些少年的家人："这些孩子啊，应该不会被送去前线，不会做危险的活儿，顶多去挖一挖护城河、喂一喂战马。你们家属啊，不要太难过啦。到了军中，将军会像父亲和哥哥一样爱护他们的！"

此时，杜甫心中有着强烈的矛盾冲突。他明白对于百姓来说，胜利和荣光都是虚幻和缥缈的，离别和痛苦却是真实和残忍的。他同样明白，只有国家"大我"恢复安宁，"小我"的生活才能重回正轨，不然每一个"小我"都会在战争中化为齑粉。他只愿"小我"的牺牲不被辜负，而他眼下能做的，也只能是宽慰宽慰正陷于痛苦的百姓了。

客行新安道，喧呼闻点兵。借问新安吏，县小更无丁。

府帖昨夜下，次选中男❶行。中男绝短小❷，何以守王城？
肥男有母送，瘦男独伶俜❸。白水暮东流，青山犹哭声。
莫自使眼枯，收汝泪纵横。眼枯即见骨，天地终无情。
我军取相州，日夕望其平。岂意贼难料，归军星散营。
就粮近故垒，练卒依旧京。掘壕不到水，牧马役亦轻。
况乃王师顺，抚养甚分明。送行勿泣血，仆射如父兄。

——《新安吏》

杜甫从新安又往西走了近百里，傍晚时分到了一个叫石壕的村子借宿。他借住的这户人家，家里只有一个老头、一个老太太，还有一个孩子还在吃奶的寡妇。

当天晚上，杜甫在里屋听见外面传来重重的敲门声。原来是官吏来挨家挨户征兵了。老头担心被抓走充壮丁，翻墙跑了。

老太太去开门，只听官吏怒吼道："你家的人，都去哪儿了！"

老太太可怜巴巴地说："我家三个儿子，都去邺城打仗了啊……我刚收到其中一个的书信，说他两个兄弟都战死了。我们这些苟且偷生的老人啊，能活一天算一天……我家真没别人了，只有个吃奶的小

---

❶ 中男：唐高祖时期规定，十六岁为"中男"，二十一岁为"丁"。744 年改为十八岁为"中男"，二十三岁以上为"丁"。不过，这首诗里的"中男"很可能是年纪更小的十几岁的青少年。

❷ 绝短小：极其矮小。

❸ 伶俜（líng pīng）：孤单、孤独的样子。

孙子。他娘要养他，连件完整的裙子都没有……"

老太太恳求官吏，如果非要带走一个，就带着她去河阳军营吧。她虽然老了，干不了重活，但还能给战士们准备早饭呢。

杜甫默默听着外面的一切，直到再也没有听到老太太的声音，而那个寡妇，一直在轻声抽泣。

第二天早上，杜甫离开这户人家时，只剩老头跟他道别了。

> 暮投石壕村，有吏夜捉人。老翁逾墙走，老妇出看门。
> 吏呼一何❶怒，妇啼一何苦。听妇前致词，三男邺城戍。
> 一男附书❷至，二男新战死。存者且偷生，死者长已矣。
> 室中更无人，惟有乳下孙❸。有孙母未去，出入无完裙。
> 老妪❹力虽衰，请从吏夜归。急应河阳役，犹得备晨炊❺。
> 夜久语声绝，如闻泣幽咽。天明登前途，独与老翁别。
>
> ——《石壕吏》

杜甫终于来到潼关。这里是高仙芝和封常清被赐死的地方，也是哥舒翰被迫出战以后，兵败被俘之地。士兵们正抓紧时间加固潼关的

---

❶ 一何：何其，多么。
❷ 附书：捎信。
❸ 乳下孙：还在吃奶的孙子。
❹ 老妪（yù）：年老的妇女。
❺ 晨炊：早饭。

防御工事。杜甫忍不住问官吏，备战进行得怎么样了。

潼关的官吏特别有信心，炫耀着新建的防御工事，说："您别担心！我们这儿啊，坚不可摧，鸟儿都飞不过去！反贼要是敢来，我们守着就行，压根儿不用担心长安有危险！您看，这个地方这么窄，顶多能让一辆车过去，绝对是'一夫当关，万夫莫开'，用不了多少人，就能稳稳守住的！"

杜甫不知道该说什么，只能嘱咐官吏，千万别忘了哥舒翰的悲剧啊。

士卒何草草❶，筑城潼关道。大城铁不如，小城万丈馀。
借问潼关吏，修关还备胡。要❷我下马行，为我指山隅❸。
连云列战格，飞鸟不能逾。胡来但自守，岂复忧西都。
丈人❹视要处，窄狭容单车。艰难奋❺长戟，万古用一夫。
哀哉桃林❻战，百万化为鱼❼。请嘱防关将，慎勿学哥舒。

——《潼关吏》

---

❶ 草草：形容疲惫不堪的样子。

❷ 要：同"邀"，邀请。

❸ 山隅（yú）：山脚。

❹ 丈人：对老者的敬称。这里是守关人在称呼杜甫。从"连云列战格"到"万古用一夫"都是守关人的话。

❺ 奋：挥舞。

❻ 桃林：指桃林塞，哥舒翰战败的地方。

❼ 百万化为鱼：哥舒翰那场败仗中，许多士兵落入河中淹死。

"三别"之哀

在《新安吏》《石壕吏》和《潼关吏》中，杜甫写的是从洛阳回华州路上的所见所感，统称"三吏"。另外，他还有三首诗《新婚别》《垂老别》和《无家别》，被称为"三别"。

在"三别"中，杜甫不再是惨剧的旁观者，而是化身成主人公，通过换位思考，用难民的口吻，说出那些很可能每天都在发生着的人间惨剧。

《新婚别》里，杜甫化身成一位新婚女子，与新婚丈夫告别："郎君啊，您昨晚刚娶了我，今天早上就要跑去河阳打仗了！咱们的婚事这么草草了事，我媳妇的名分都还不确定，怎么去拜见公公和婆婆呀？"

新婚女子一开始还有怨气，觉得丈夫从军以后，自己就没有依靠了。然而，说到后面，她也明白，为了国家大义，为了日后能有安定的生活，自己的"小家"必须做出牺牲。于是，女子苦涩地接受了现实，强忍着悲痛，全力支持和勉励丈夫："那句话是怎么说的——'嫁鸡随鸡，嫁狗随狗'，你现在要去那么危险的前线了，我心如刀割，也只能苦苦忍耐。前线战事紧张，我跟着过去，只会拖后腿，给你徒增负担。唉，你呀，不用感到愧疚，也不要为离别难过，努力打仗就好。只是，可惜了这身漂漂亮亮的衣裳啊！我家挺穷的，好不容易才置办了这些东西。没关系，当着你的面，我现在就收起它，再对着你洗掉妆容，就等你平安回家。这天上的鸟儿都是成双成对的，我们人世间呢，不如意的事儿却太多了。只希望我们虽身在两地，却能一直心有彼此、互相遥望……"

兔丝附蓬麻❶，引蔓故不长。嫁女与征夫，不如弃路旁。
结发为君妻，席不暖君床。暮婚晨告别，无乃❷太匆忙。
君行虽不远，守边赴河阳。妾身未分明，何以拜姑嫜❸。
父母养我时，日夜令我藏。生女有所归❹，鸡狗亦得将。
君今往死地，沉痛迫中肠。誓欲随君去，形势反苍黄❺。
勿为新婚念，努力事戎行。妇人在军中，兵气恐不扬。
自嗟贫家女，久致罗襦❻裳。罗襦不复施❼，对君洗红妆。

---

❶ 兔丝附蓬麻：菟丝缠绕在蓬麻而不是坚实的树木上，比喻女子嫁给应征入伍的男人。兔丝，即菟（tú）丝子，一种茎寄生植物。
❷ 无乃：岂不是。
❸ 姑嫜（zhāng）：婆婆和公公。
❹ 归：指女子出嫁。
❺ 苍黄：比喻事物变化不定，反复无常。
❻ 罗襦（rú）：丝织的短衣，这里指华美的衣裳。
❼ 施：穿。

仰视百鸟飞，大小必双翔。人事多错迕❶，与君永相望。

——《新婚别》

而在《垂老别》里，杜甫化身成一位孤苦伶仃的老汉。

老汉的子孙全都战死了，只剩他和老太太两个人，寂寞地守着破烂又冷清的茅屋。如今，烽烟又起。眼看着叛军又要到东都洛阳这边了，老汉无比忧愤，毅然丢掉拐杖，拖着一把老骨头去参军。别看他年纪大了，但精神依然矍铄。

老汉披上盔甲，告别村里的长官，眼神中满是坚定，大步奔向前线。

就是在这条路上，老太太亲手送走了所有的孩子，现在又要失去最后的亲人，她不忍心和丈夫生离死别。大冬天的，她穿着单衣，扑倒在冰冷的地上，一声声呼唤丈夫的名字，哭得声嘶力竭。老汉不忍心让妻子受冻，但他知道，现在不能再回头。如果他心一软，转身去搀扶老伴，就再也没有勇气与她告别了。

想到这里，老汉狠下心来，背着身远远听着老伴最后的嘱托，大步向前走去。

"人世间的悲欢离合啊，谁能说得清呢？好事和坏事，从来不会顺着人的心意来或者不来，也不会看你是老弱病残，就放你一马。年

---

❶ 错迕（wǔ）：违逆，不如意。

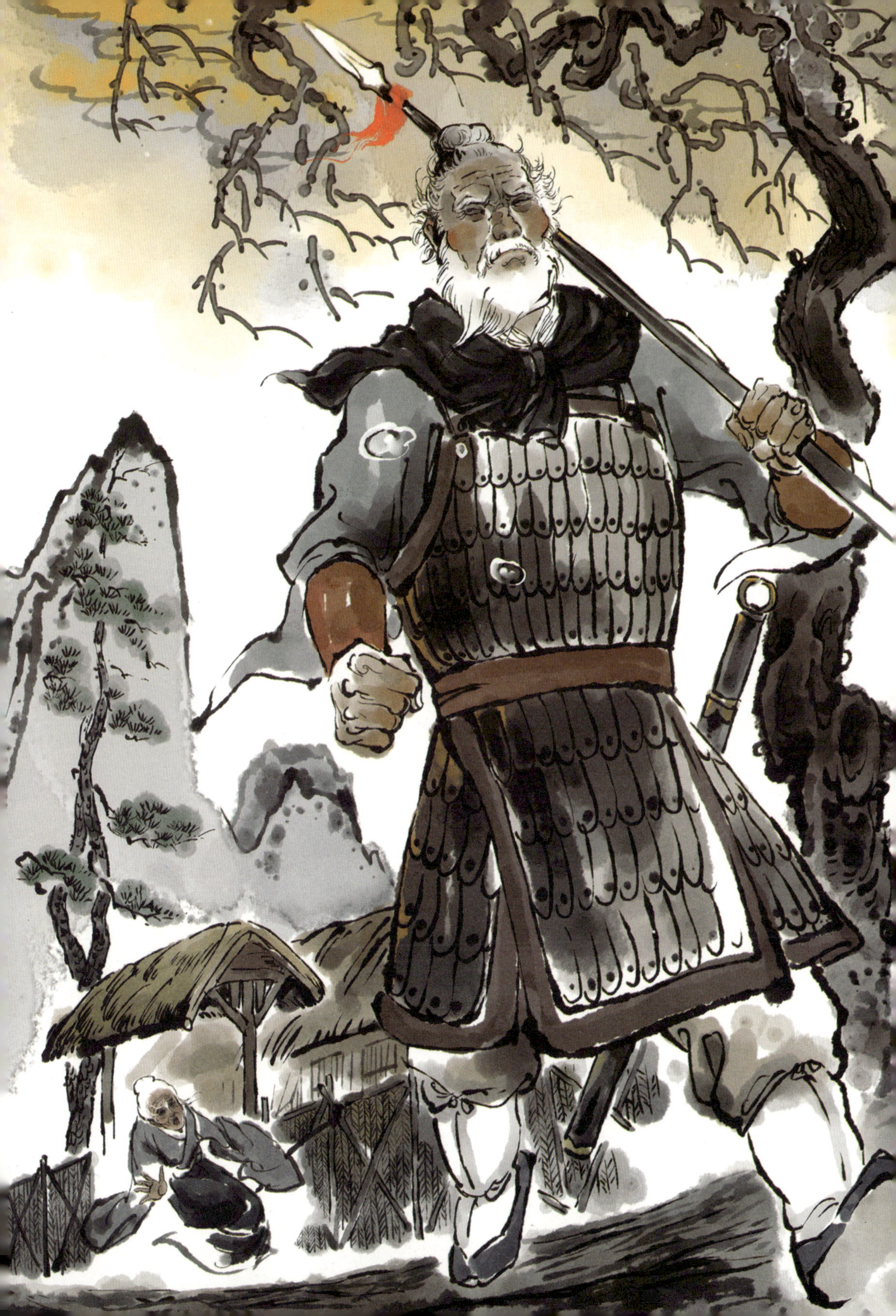

轻的时候，我享受过国泰民安的太平日子，当时谁又能想到，国家竟然会变得如此残破？全国上下烽火连天，到处都在征召兵马。原本都是活生生的人，转瞬间，就成了漫山遍野的尸体。他们流出的鲜血染红了一条条河流、一片片原野。如果全国都成了人间炼狱，又有谁能独善其身呢？既然如此，我还犹豫什么呢？只能豁出性命去奋勇杀敌呀！"

这些道理，老汉全都明白，也做好了为此付出性命的心理准备。但真到了与亲人生离死别的时候，世界还是瞬间天崩地裂，他胸中的痛苦，仿佛要挤爆他的五脏六腑！那真是钻心地痛！

四郊未宁静，垂老不得安。子孙阵亡尽，焉用身独完。
投杖出门去，同行为辛酸。幸有牙齿存，所悲骨髓干。
男儿既介胄，长揖别上官。老妻卧路啼，岁暮衣裳单。
孰知是死别，且复伤其寒。此去必不归，还闻劝加餐。
土门❶壁甚坚，杏园❷度亦难。势异邺城下，纵死时犹宽。
人生有离合，岂择衰盛端。忆昔少壮日，迟回❸竟长叹。
万国尽征戍，烽火被❹冈峦。积尸草木腥，流血川原丹❺。

---

❶ 土门：指土门关，唐军的一处重要据点。
❷ 杏园：指杏园镇，唐军的一处重要据点。
❸ 迟回：徘徊。
❹ 被：同"披"，覆盖。
❺ 丹：红，此处指山川和原野都被鲜血染红。

何乡为乐土,安敢尚盘桓。弃绝蓬室居,塌然❶摧肺肝。

——《垂老别》

《无家别》的主人公,则是一位侥幸从邺城之战中生还的士兵。

千里迢迢,士兵总算回到家乡,却发现村子差不多已经荒废了。

"因为战乱,上百户村民都不知道逃到哪儿去了。我在村子里一直走、一直走,只有一条条空巷子,住着一两个寡居的老妇。路边还有几只野狐狸,竟觉得是我进入了它们的地盘,竖起毛来威胁我。村子虽然已经破败了,但毕竟是我的故乡,我就像留恋着旧巢的鸟儿一样,舍不得离开这里。唉,哪能说走就走啊!"

正好赶上春天,现在劳作还能有点儿收成。这位士兵扛起锄头下田,一口气干到了晚上。然而,县里的官吏消息灵通,听说有人回来了,就又征召他去军队里敲鼓。

---

❶ 塌然:失意沮丧的样子。

士兵无奈，只好这样安慰自己："我呀，反正也是孤身一人，没有什么亲人要告别了。家乡空空荡荡，我留在这儿也好，回到军中也罢——唉，都一样！我最对不起的人啊，就是我那已经去世了的母亲。她生了那么多年病，一直没人照顾。我这当儿子的，在母亲生前没能好好服侍她，如今她都去世五年了，我也没法将她好好安葬。人这一辈子啊，当个小老百姓，苦苦活着，到了离别的时候，却连一个能告别的家人都没有，还有啥好说的呢！"

寂寞天宝后，园庐但蒿藜❶。我里百馀家，世乱各东西。
存者无消息，死者为尘泥。贱子❷因阵败，归来寻旧蹊。
久行见空巷，日瘦气惨凄。但对狐与狸，竖毛怒我啼。
四邻何所有，一二老寡妻。宿鸟恋本枝，安辞且穷栖。
方春独荷锄，日暮还灌畦。县吏知我至，召令习鼓鞞。
虽从本州役，内顾无所携。近行止一身，远去终转迷。
家乡既荡尽，远近理亦齐。永痛长病母，五年委沟溪❸，
生我不得力，终身两酸嘶。人生无家别，何以为蒸黎❹。

——《无家别》

❶ 蒿藜：泛指杂草。
❷ 贱子：诗中主角，也就是这位战败士兵的自称。
❸ 委沟溪：埋葬在山沟里。
❹ 蒸黎：百姓。

"三别"写的是人生中三种痛苦的离别。

《新婚别》是短暂相识后的告别。茫茫人海中，新婚夫妻好不容易才遇见彼此，还来不及互相了解，就可能要今生永别。

《垂老别》是漫长相知后的诀别。老夫妻相濡以沫一辈子，含辛茹苦养大几个孩子，最后，却要挨个送上前线，尸骨无存。如今战火又至，老头只能忍痛告别老伴前去从军，只为守护家园，给千千万万像他们一样悲苦的百姓，博一线生机。

《无家别》就更惨了，写的是人世间的无法相守，也无从送别。母亲最需要照顾的时候，士兵不能在她身边照顾，回到家乡又被征召。士兵更是绝望地发现，可以再送自己一程的亲人和朋友已经一个都不剩了。离别往往是伤感的，但如果连可以告别的人都没有了，那才是最悲哀的事情。

杜甫虽然是官员，但长期以来，他和普通百姓并没有太大区别，过的都是吃不饱穿不暖的日子，也都被战乱逼得流离失所、无法和家人团聚。正因为感同身受，杜甫打心眼儿里理解人民的痛苦，所以才写出了"三吏""三别"这样将百姓的疾苦刻画得淋漓尽致的传世名作。

但其实，杜甫比他笔下的百姓还要多一层精神上的痛苦。

因为杜甫不仅看到了百姓与国家的苦难，也看到了朝廷的腐朽，这让他备受煎熬。而他又清楚地明白，为了挽救眼下国家的危难，为了给未来的安宁留一线希望，只能依靠不堪重负的百姓继续坚持抗敌。国家的"大我"和人民的"小我"无法两全，这让杜甫感到格外悲痛与不忍。

从理性上来说，杜甫明白"长痛不如短痛"，面对眼下的乱局，唯一的办法，就是征兵平叛，暂时牺牲眼下百姓的幸福，换国家未来的稳定与下一代人的安宁。如果国家彻底沦陷，百姓更不可能过上好日子。然而，如果朝廷决策失误，将领胡乱指挥，一直打败仗，那百姓的牺牲也就白费了。

如今前线节节败退，洛阳危在旦夕。

杜甫看在眼里，痛在心里，却又无可奈何。

以前，杜甫总在为自己的怀才不遇而悲伤。而从洛阳回华州一路上的所见所闻，让杜甫深刻地体会到无数人因流离失所而悲痛欲绝的心情，又在无数人的故事里看到了那个曾经一样困顿的自己。就这样，他从狭窄的"茧"里走了出来，对百姓不再仅仅报以同情，而是真正做到了"共情"——作为百姓的一员，唱出属于那个时代每一个普通人的哀歌。

"三吏""三别"是杜甫诗歌中的代表作和重量级作品，这些作品真实地反映了"安史之乱"给国家和人民带来的深重苦难，体现了杜甫强烈的爱国热情和深切的忧民情怀。

诗词赏析

后出塞五首·其二

朝进东门营①，暮上河阳桥②。
落日照大旗，马鸣风萧萧。
平沙列万幕③，部伍各见招。
中天悬明月，令严夜寂寥。
悲笳④数声动，壮士惨不骄。
借问大将谁？恐是霍嫖姚⑤。

注释

① 东门营：军营在东门，故曰"东门营"。由洛阳往蓟门，须出东门。
② 河阳桥：黄河上的浮桥，晋杜预所造，为通河北的要津。
③ 幕：帐幕。
④ 笳：古代一种乐器，常用于军中，表达哀伤的情感。
⑤ 嫖姚：指西汉大将霍去病。"嫖姚"同"剽姚"，霍去病曾以"剽姚校尉"一职一战成名。

译文

清晨,我到东门营报到,傍晚,部队就开拔到了河阳桥上。晚霞映照着迎风招展的军旗,战马与萧萧朔风呼应嘶鸣。一望无际的沙原上排列着无数行军帐幕,行伍首领各自召集手下的士兵。夜空中,高高悬挂着朗朗明月,军令森严,整个营地寂然无声。几声悲咽的茄声划破长空,从军壮士神情肃然,失去了往日骄纵之情。借问统领军队的大将是谁?大概又是一个剽姚校尉霍去病。

图书在版编目（CIP）数据

少年读杜甫. 1, 烟雨京华 / 王兆胜, 王子罕著.
青岛：青岛出版社, 2024. -- ISBN 978-7-5736-2852-7

Ⅰ. K825.6-49

中国国家版本馆CIP数据核字第2025XL7639号

SHAONIAN DU DU FU · YANYU JINGHUA

书　　名	**少年读杜甫·烟雨京华**
著　　者	王兆胜　王子罕
绘　　图	王小坡
出版发行	青岛出版社
社　　址	青岛市崂山区海尔路182号（266061）
本社网址	http://www.qdpub.com
邮购电话	0532-68068091
策划编辑	梁　唯　王龙华
责任编辑	王龙华　王世锋　丰雅楠
装帧设计	乐唐视觉设计工作室
制　　版	青岛可视文化传媒有限公司
印　　刷	青岛乐喜力科技发展有限公司
出版日期	2025年4月第1版　2025年4月第1次印刷
开　　本	16开（710 mm×1000 mm）
总印张	24
总字数	254千
书　　号	ISBN 978-7-5736-2852-7
定　　价	78.00元（全两册）

编校印装质量、盗版监督服务电话　4006532017　0532-68068050
印刷厂服务电话　15376702107

建议陈列类别：儿童读物